韓国スタディーツアー・ガイド

著 韓洪九（ハ
訳 崔順姫（チェ・ス

彩流社

まえがき——見えない歴史の現場を歩く

2000年、ソウルの聖公会大学に籍を置いてから、「文化フィールドワーク紀行」という教養科目を担当することとなった。

歴史学科がある学校の場合、毎学期フィールドワークを行うが、このように正規科目としてフィールドワークが組まれるケースはほとんどない。聖公会大学の独特な雰囲気がはたらいて、さまざまな先生方が特色のある教養科目として文化フィールドワークという科目をあらかじめ設け、歴史を教える教員を選んだのである。

すなわち、文化フィールドワーク紀行という科目は、尻が重い私自らが開設した科目ではなかった。10年もの間米国で暮らしてからこういった科目を担当したので、私も初めて訪れる場所もあり、以前に行ったとしてもあまりに時間が流れてしまっているので記憶が曖昧だった。それでも学生らとともに現場を訪れると、かなりいい手応えがあった。何人かの学生が2学期もフィールドワーク授業をもっと聞きたいというので、科目名を別のものにして「文化遺産探訪」という講義を新たに開設した。

通常15~16週の講義で、履修登録が確定する3週目に初めてのフィールドワークを行うが、学生らが事前に勉強したり、訪問する場所について事前に教室で授業を行ったりすると、実際のフィールドワークは1学期に大体8~9回になる。1学期に2回ほどはバスを借りて少し離れた場所を訪れたが、残りは学生が公共交通機関を利用して行ける場所でフィールドワークを行った。この本に収録されている場所は、これまでの10年間、私が学生らとともに歩いて訪れた歴史の現場の中で、特に印象に残った10カ所を選んだものだ。

聖公会大学は歴史学科がなかったので、教養学部所属の私は教養科目しか担当できなかったが、「韓国現代史」といった授業と比べると、フィールドワーク授業は独特の強みがあった。直接自分の足で現場を訪れ、そこで自分の目で見ながら説明を聞くのと、教室に座って歴史の授業を受けるのでは、はっきり違っていた。学生と親しく接する機会が足りなかった私としても、フィールドワーク授業は学生らと親しくなれる機会だった。

1990年代初めに兪弘濬《ユホンジュン》氏の『私の文化遺産フィールドワーク記』が刊行されて以来、こういったフィールドワーク記が世に多く出された。著者の独特の視点と汗がにじみ出る良い本が多いが、フィールドワークというものがとても主観的な仕事である上に、平和運動を行っている私としては特に強調したいものがあるので、これまで出されたフィールドワークに関連する書籍では満ち足りない、何かもどかしいことが少なくなかった。見えるものについての説明は充実しているものの、見えないもの、隠れているものの意味を呼び起こすそんなフィールドワーク記がなく残念だった。

5～6年前、原稿を依頼しに来たウリ〔私たちの〕教育出版社のチャン・ミヒさんは、私がフィールドワーク授業をしていると話したところ、目を丸くしてあれこれ聞いてきた。そして次のフィールドワークの現場に現れ、1学期中、ついて回った。いくつかのフィールドワークではレコーダーを持って来て録音を始め、挙げ句の果てにフィールドワーク記を出そうと私を煩わせはじめた。その煩わしさから逃げるため、つい「そうしましょう」と言ってしまった私のミスが、結局この本になったのである。

2004年から2007年まで国家情報院過去事委員会〔国家情報院（前身を含む）がかつて行った人権侵害、犯罪行為の真実究明を行っていた団体〕に忙しく、他のことは考える暇もなく、本の準備は遅れていた。チャン・ミヒさんは、このままでは私から原稿はもらえないと思ったのか、雑誌『ウリ教育』に連載する企画を持って来た。そのおかげで仕方なく毎月1本ずつを1年間連載することになった。ウリ教育／コムドゥンソ出版のチャン・ウォンさんが毎回原稿整理を手伝ってくれた。

韓国の近現代史は多くの紆余曲折があったので、どれもこれもいわく付きの場所だらけだ。この本で紹介したフィールド10カ所はソウル近辺にある場所の中で、平和運動や過去事清算運動を行ってきた私の活動と関連のある場所を選りすぐったものだ。平和運動を始めてから、同じ場所を訪れてもそれまでとは違って見えた。過去事清算作業を本格的に始めた後は、西大門刑務所や南山が平凡な場所ではなくなった。いつも通っていた場所だったが、ろうそくは広場の隅々までしみ込んだ意味を振り返る機会を与えてくれた。

読者の皆さんも、ご自身の人生の脈絡から歴史の現場と新たに出会えることを願ってやまない。

韓 洪九

韓国スタディーツアー・ガイド◉目次

第4章

朝鮮王朝と植民地、近代朝鮮民族受難史の悲劇の象徴　景福宮《キョンボックン》

第5章

歴史的現場は今日を映す鏡になった
独立公園と西大門《ソデムン》刑務所歴史館

第6章　草の根1本にも歴史が息づく　江華島《カンファド》

第7章　未完の革命が埋もれている場所　国立4・19民主墓地

＊訳者による注は〔　〕で示した。
＊巻末の「歴代大統領の解説」、「関連年表」、「関連施設情報」は、日本語読者のために追加した。

京畿道
春川
江原道
江華島(6章)
ソウル特別市
仁川(10章)
広州(2章)
水原
忠清北道
忠清南道
清州
大田
慶尚北道
大邱
全州
全羅北道
蔚山
慶尚南道
昌原
釜山
光州
務安郡
全羅南道
済州特別自治道
済州

韓国の地図

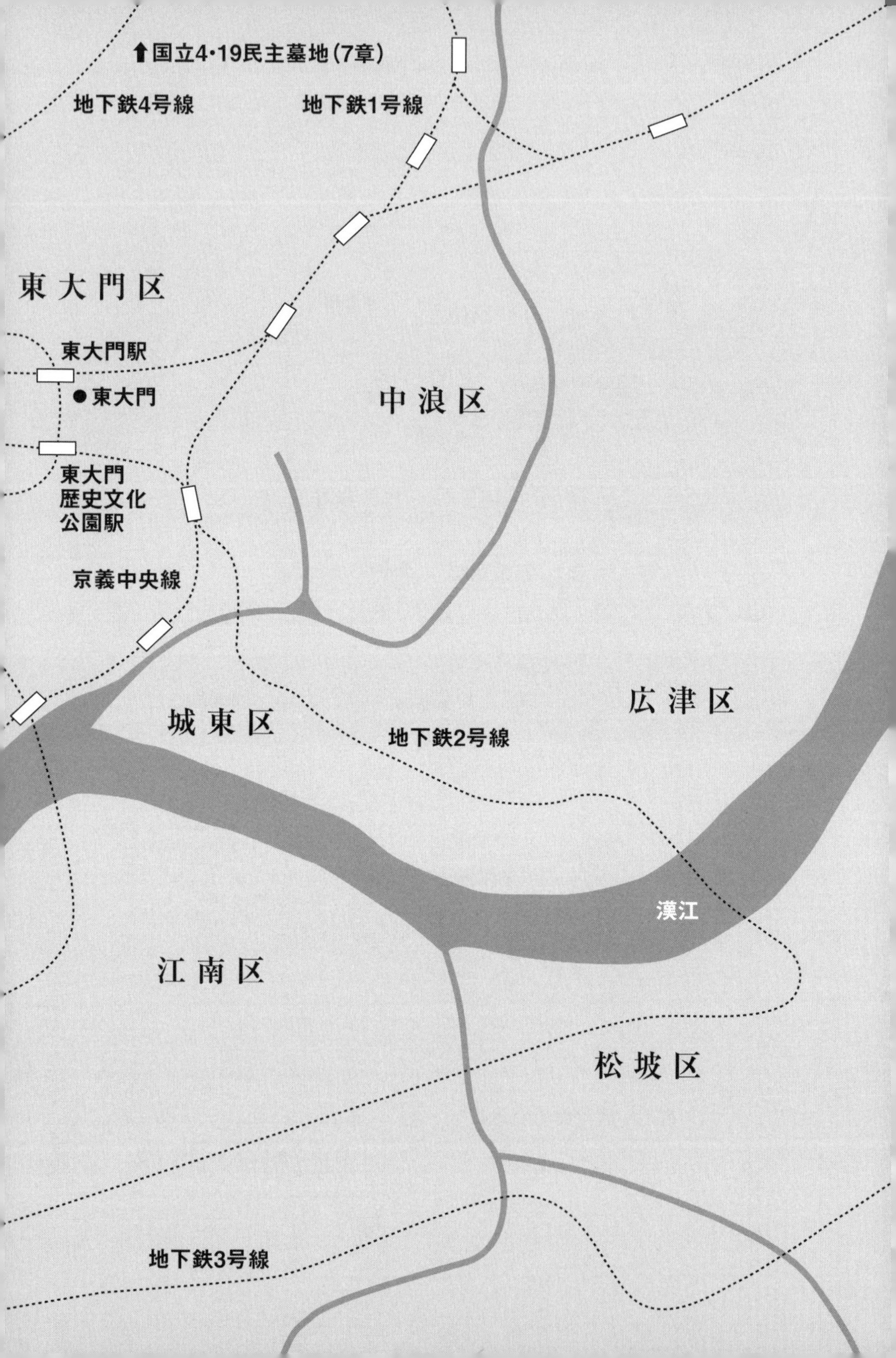

⬆国立4・19民主墓地（7章）
地下鉄4号線
地下鉄1号線
東大門区
東大門駅
●東大門
東大門
歴史文化
公園駅
京義中央線
中浪区
広津区
城東区
地下鉄2号線
漢江
江南区
松坡区
地下鉄3号線

ソウル関連地図
城北区
地下鉄3号線
鍾路区
西大門区
●景福宮（4章）
●昌徳宮
独立門駅
景福宮駅
独立門と西大門刑務所（5章）●
鐘閣駅
京義中央線
中区
●延世大学
市庁駅
●市庁（9章）
●明洞聖堂（8章）
●南大門
明洞駅
新村駅
ソウル駅
地下鉄2号線
●南山公園
●Nソウルタワー
麻浦区
南営駅
三角地駅
漢江
龍山区
●戦争記念館（1章）
汝矣島
地下鉄1号線
瑞草区
銅雀区
銅雀駅
●国立ソウル顕忠院（3章）
地下鉄2号線
地下鉄4号線

第1章

「戦争」を記念する場所に「平和」はない

戦争記念館

ソウルの龍山《ヨンサン》に戦争記念館がある。世界最大規模の戦争関連施設だという。この場所にはもともと陸軍本部があった。以前は米国第８軍が、その前には朝鮮に駐屯する日本軍司令部があった。過去１００年の間、外国の軍隊と韓国の軍隊があった地に、この先も「戦争」を「記念」する悲しい施設が居座っているように思われる。戦争が私たちの日常に深く入り込み、戦争記念館のような巨大さで私たちを圧倒しているかぎり。

軍事独裁、土木国家の戦争記念館

ソウルのど真ん中に朝鮮戦争の記念施設を作ろうという議論が始まったのは〔盧泰愚政権下の〕１９８８年、民主化抗争があった87年６月からたった1年後のことだ。金大中《キムデジュン》〔以下、歴代大統領の解説は２１３ページ参照〕、金泳三《キムヨンサム》の分裂によりなんとか命拾いした軍事独裁政権は、李明博《イミョンバク》政権と同様、自分たちがなぜ国民から批判されているのか到底理解できていなかった。そして彼らは、学生運動をしている進歩的な若者たちが朝鮮戦争を経験していないがために「朝鮮戦争で軍が国を救ったことに感謝していない」と憤慨した。

「最近、社会の一角では、体制の転覆を目論む左翼勢力が蠢動《しゅんどう》している。このような時期に戦争記念館を建設し、正しい護国精神を育てることは大変意義のあることである。これから、この事業が若い世代に国家意識を涵養する新しい一里塚になり、さらに後世にとって安全保障の聖域になると信じている」。当時の国防部長官であった李相薫《イサンフン》は戦争記念館建立のあいさつでこのように述べている。建国以来、言論の自由がもっとも保障されていたこの時期、軍事独裁に対する批判が高まり、政治的に肩身が狭まった軍は、深刻な危機を感じたのだろうか、戦争記念館の建立に熱を上げた。戦争記念館の建立は、青瓦台《チョンワデ》〔大統領府〕の主導と国防部の責任のもと、まるで軍事作戦を行うかのように、迅速で一糸乱れず進められた。1990年9月28日に着工した戦争記念館は、満4年を待たずして94年6月に開館した。建設予算1246億ウォン〔約180億円〕はすべて国防予算で賄われた。外国ではこのような施設を建てる場合、名称とその意義を決めるだけでも何年もかけるのに、韓国ではこれより何年か前に建てられた独立記念館がそうだったように、戦争記念館を巨大に、そしてより素早く完成させた。

実際、戦争記念館の場所にあった陸軍本部は、近現代史においてそれなりに意味のある遺物が集まった空間であった。日本軍司令部の時代から使われた由緒ある建物もいくつかあり、また数十年間、陸軍本部が使用していた建物はそのままで、生きた歴史的な意味を伝えるものだった。陸軍本部の建物を活用して関連する記念施設を作るのならその意味が生き、来場者もあるがままに現場体験できるだろうに、なぜそれまであった建物を急いで壊さなくてはいけなかったのだろうか。残念がる私に、同行した友人が私のわきをつつきながら「壮大な新しい建物を建てれば、何千何百億ウォンの工事をすることになって、そんな『おいしいチャンス』を逃すはずないじゃないか」と言う。考えてみたら、土木国家韓国の先鋒隊、そう工兵隊だった！　私が幼かったころ、金炯旭《キムヒョンウク》〔1925～84年。朴正熙《パクチョンヒ》政権で中央情報部部長を務めた〕ら、ソウルの地図を塗り替えた何人かは工兵隊の出身だったのだ！

盧泰愚《ノテウ》政権のころ、躊躇《ちゅうちょ》することなく推し進められた戦争記念館建設は、1993年に文民政権を標榜する金泳三政権になるや、あちこちでブレーキがかかった。そのころの朝鮮日報と東亜日報はまだまともで、たまに「ちゃんとした」意見を述べることもあった。朝鮮日報は、論説委員が執筆するコラム「萬物相《マンムルサン》」で「戦争記念館を建てる金があれば、全国に少なくとも10個の子ども科学館を作ることができる」と述べ、「より大切なことは何なのかを指摘する人さえ政府内にいないようだ（朝鮮日報、1993年6月11日付、1面）」と嘆いている。東亜日報は「対外戦争で何度か勝利した国も、自国の戦争を網羅した好戦的な総合記念館を建てることはない」と述べ、「わが国の歴史上、同じ民族で争った恥辱的な戦争を記念する博物館を、ソウルのど真ん中に建てる必要があるのだろうか？（東亜日報、1993年6月8日付、1面）」と問うた。

戦争記念館をめぐる議論でもっとも耳目を引くのは、やはりそのちぐはぐな名称だった。いったい戦争は記念するだけの価値があるものなのか。当時、韓国国語教育学会会長だった陳泰夏《チンテハ》教授は、戦争も記念できると考える戦争記念館建設推進者らの無知を正そうと「同じ民族同士で争った悲劇の戦争を記念することは、まるで『親の死亡記念』と書くのと同じような妄言（陳泰夏「戦争記念館はなぜ改称されなければいけないのか」『新国語教育』50号、1993年）」と述べている。しかし、この名称は単に「無知」のせいだったのだろうか。戦争記念館の推進者らがもっとも好んで使った名称は「勝戦記念館」または「戦勝記念館」だったという。朝鮮戦争はよく「終わっていない戦争」といわれる。終わっていないというのは、勝ち負けがついていないという意味だ。それなのに、韓国軍は朝鮮戦争で果たして勝利したといえるのだろうか。

博物館が歴史の遺物を集めこれを絶え間なく研究し、分析し、討論し、再解釈する開かれた空間だとすれば、記念館は宗教的儀礼のような敬虔さが求められる閉じた空間である。記念館では、敬拝と賛辞が求められるだけで、疑ったり、再解釈したりすることは許されない。戦争記念館は、まさにそういった場所であり、またそのように作られている。整った四角形の台の上にある完璧な左右対称の壮大な石彫の建物、だだっ広い広場、左右に長く伸びる石彫の回廊などは見る者を圧倒する。また、広いのなんの。原寸大で複製した広開土王碑がタワーパレス〔ソウルにある高層のセレブマンション〕の前にある古びたアパートのごとく、とても謙虚に見える。大きいことが必ずしも良いことではないということだけは、ここでしっかり学ぶことができる。

1950年6月25日で止まったままの戦争

戦争記念館の入り口で、一番はじめに目に入るのが兄弟像だ。この兄弟像は、国軍の「兄」と人民軍の「弟」の大きさの違いが、一目で分かる。そのため、平和運動、統一運動をする人々は、この兄弟像にいちゃもんをつける。兄弟の出会いを描くのであれば、対等な出会いでなければいけないはずなのに、長兄にぶらさがる末っ子のごとく、ひざまずいてぶらさがる様は南北和解の精神にそぐわないというのである。それに、兄は武装しているのに、人民軍の弟は銃をどこに置いてきてしまったのか非武装なのだ。この作品が表現しようとしたのは和解なのか、人民軍の投降なのか、分からない。

しかし建設当時、この兄弟像をめぐり「戦争記念館事業会」内で繰り広げられた議論を振り返れば、このような批判はまさに「時代錯誤」だ。口さえ開けば北進統一〔武力で北朝鮮に進撃し統一を図ること〕を唱えておきながら、戦争がいざ勃発すると漢江《ハンガン》にかかる橋を爆破して逃亡し、一敗地に塗《まみ》れたときの悪夢を、「戦勝の記憶」に塗りかえようとする「将軍さまたち」にとって、聖なる戦争記念館に血の通った人民軍を展示することはできない相談だったのだ。

　兄弟像を過ぎると、時計塔が現れる。大きな時計が二つ、そのうちの一つは時間が1950年6月25日午前4時で止まっている。これが戦争記念館の標準時だ。戦争記念館の時間は、この時間で止まったまま。戦争記念館が見せるのは、21世紀の立場で新たに再解釈される戦争ではなく、1950年6月25日午前4時の戦争なのである。だからといって、戦争記念館が1950年6月25日の戦争をさまざまな角度から総体的に見せているわけでもない。

　朝鮮戦争は本当に1950年6月25日午前4時〔奇襲攻撃を強調〕に始まったのだろうか。誰もベトナム戦争が、イラク戦争が、南北戦争が、第一次世界大戦が、中東戦争が何月何日の何時に始

時計塔
〔下の時計は朝鮮戦争勃発の時刻を指す〕

兄弟像〔国軍の兄（左）と
人民軍の弟（右）が抱き合う〕

まったのかを、朝鮮戦争のようには重視しない。しかし朝鮮戦争だけは、特に戦争記念館でだけは、この時間に、韓国人が知らなければならないあらゆる真実が込められているという。見せようとしているものだけで判断してはいけない。だから、戦争記念館のような施設を見学するのは疲れるのだ。

死者の名前が象徴するもの

広場を横断すると、遠く反対側に回廊が見える。左右対称なので、まったく同じ構造だ。回廊へ上がれば、花崗岩でできた柱が何本か並んでおり、柱の何本かを過ぎるとぴかぴかに磨かれた黒い黒曜石の板が何枚か張ってある。その中には、名前が刻まれた板があるが、韓国軍創設以後、朝鮮戦争を経て今日に至るまで「戦死」した国軍兵士の名簿が刻まれたものである。本館の壁に並行して設置された回廊には、国連軍戦死者の名前が刻まれている。その銅板には、「まったく知らない国、一度も会ったことのない国民を守ろうとの掛け声に応じた、その子弟に敬意を表します」と書かれている。

国家が作る戦争関連施設は、一様に「亡くなった彼らの犠牲を無駄にするな」という決意でみなぎっている。あらゆる近代国家はこのような信心を植え付けようと国立墓地を作り、数十年後になっても遺骨の発掘事業を行う。ならば、市民は国家がこうやって亡くなった者の名前を記憶しようと努力していることに対して感謝しなければならないのだろうか。なぜ国家はこういった努力をするのだろうか。

誰も記憶しない死は犬死である。もし国家が次の戦争を放棄したのであれば、こういった努力はしないだろう。もし国民が戦争による死を犬死だと考えているのであれば、国家は戦争を遂行できないはずだ。今日、死んだ「軍人」を称えるのは、明日もまた軍人の命を要求しなければいけないからだ。まだ名前が刻まれていない黒くてぴかぴかの黒曜石の上を、名前が刻まれるかもしれない子どもたちのまぶしいほど明るい未来が通り過ぎると思うと、背筋が凍る。

高い入場料を払って〔現在は無料〕館内に入ると「護国追悼室」が現れる。護国追悼室への入り口の両側に朝鮮戦争時に激戦が繰り広げられた戦線を描いた絵が飾ってあり、その前には「戦争記念事業会」が選定した英雄の胸像が展示されている。いまはほかの人物に代わったが、以前は尹吉炳《ユンキルビョン》大尉の胸像があり、その前に置かれている説明に多くのことを考えさせられた。彼が英雄に選定された理由は、敵の捕虜になる「不名誉」を避けるために自決したからだという。説明によれば、部下を事前に退避させたというが、なぜ彼は一緒に逃げなかったのか。また、敵の捕虜になることは不名誉なことなのだろうか。

なるほど、旧日本軍はそのように教えた。敵の捕虜になることを避けよと。それで旧日本軍は玉砕を選んだ。自分だけ死ぬのであればまだましだった。部下を殺し、強制的に引っ張って行った朝鮮人労務者や慰安婦も殺し、住民も殺した。果たして韓国軍はいま、避けられない状況で自らの命を大切にしろと教えられるのだろうか。でなければ、捕虜になる「不名誉」を避けるために、尹吉炳大尉のように自決せよと教えるのだろうか。

このような「不敬」な思いを後にして、「護国追悼室」に入る。右側を見ると、暗い部屋なのに床が明るい。近づくと、床に本が入っている。戦争記念館の第一関門である「護国追悼室」でもっとも大切な象徴である戦死者名簿だ。韓国人が名前を聞いただけでも飛び上がってしまう靖国神社で、もっとも重きを置いているのも戦没者名簿だ。靖国と戦争記念館の間に、このような類似点があるのは偶然なのか、それとも必然なのだろうか。

日本の侵略戦争は批判し、韓国が遂行した「正義の戦争」は称えるという視点ではなく、あらゆる戦争に反対するのであれば、戦争で死んでいった死をどう記憶しなくてはいけないのだろうか。われわれがこの「敬虔」な名簿の前で居心地の悪さを禁じ得ないのは、軍人の名前だけが記録されているからである。軍人ではない死、あるいは軍人による死、戦争記念館はその数多くの名前を「記念」することも「記憶」することもしない。粉々になった名前よ、空中に散った名前よ!

軍人の目、被害者はどこにもいない

階段で2階に上がると、いよいよ「朝鮮戦争室」だ。この展示室を見せたいがために、軍出身の有力者らが国家を動かし、この巨大な戦争記念館を作ったのである。展示室の入り口に位置する肉弾十勇士像は一目で人々をひきつける。もう少し中へ入っていくと、白馬《ペンマ》高地の肉弾三勇士にも会うことができる。われわれは再び韓国軍に落とした旧日本軍の影に会うことができる。靖国神社に附帯する戦争記念館の遊就館に行くと、太い木の棒を3人で担いで敵陣に突進する「元祖肉弾三勇士」を見ることができる。

　後進国がするように、足りない資本と軍事技術を人力だけでどうにかしようという古いやり方を、いまでも称えなくてはいけないのだろうか。いつまで肉弾三勇士、肉弾十勇士が韓国軍のモデルでなければならないのだろうか。長きにわたり韓国軍は彼らの敢闘精神を、軍人が身につけなければならない精神の模範とした。ヒディンク監督（2002年サッカーワールドカップ当時の韓国代表監督）は精神力に対するこのような古い惰性を打ち破ってくれた。われわれは、韓国サッカーに足りない体力を精神力で補っていると思っていた。ところがヒディンク監督は、韓国のサッカー選手の体力は世界トップレベルなのに、勝てるという精神力が不足していると指摘した。

　さらに移動すると、巨大な電光掲示板が戦争勃発当時の南北の軍事力を絶え間なく映し出している。兵力10万対20万（南対北の数字、以下同）、戦車の数0対242、空軍機の数0対211、自走砲の数0対176。韓国軍

肉弾十勇士像

が戦争勃発のたった4日後にはソウルを奪われるなど、序盤に完敗したのは全部装備が不足していたせいだというのだ。さらにあさましいことに、日曜日の夜中にみんな休暇で外出していた隙に奇襲してきたというのだ。戦争が起きたら、「昼食は新義州《シニジュ》で、夕食は平壌《ピョンヤン》で」と大口をたたいていた韓国軍が、戦争初期に「昼食は大田《テジョン》で、夕食は釜山《プサン》で」食べなくてはいけないほどに完敗したのは、韓国軍にとってはいまでもトラウマとしか言いようがない。「われわれに戦車さえあれば」という仮定の神話は、一敗地に塗れる悪夢を洗い流そうとするあがきである。

次に登場するのが、漢江線防御の戦闘を描いたジオラマだ。もしこの記念館の視点が軍人ではなく民間人によるものだったら、漢江に関連した展示アイテムは、漢江防御戦闘ではなく、漢江鉄橋の爆破だったろう。急に攻め込んできた人民軍を38度線以北に撃退したから安心して生業に励むよう伝えた宣撫放送、突然の轟音と漢江鉄橋の爆破……。そうやって橋を落として逃げて行った勢力は、仁川《インチョン》上陸作戦（1950年9月15日、国連軍が仁川に上陸し、劣勢だった戦況を一変させた作戦）以降に戻ってきて反逆者を探し出そうと血眼になっていた。しかし、こういった記憶も呼び起こしてはいけない。戦争記念館は軍隊、軍事主義、軍出身者が運営する、国家を称える場所なのだから。

空襲と爆撃の写真も同じである。平和博物館では空襲と爆撃を、主に被害者の視点でとらえる。しかし、戦争記念館では「われわれ」が爆撃の主体だ。爆撃された者は、共産側。彼らのために悩んではいけないのだ。老斤里《ノグンリ》などで米軍の爆撃により死んだ者は、ただ付随的被害（collateral damage＝軍事目標物の周辺地域が被害を受けたことを指す。無辜の民間人の死を付随的なものととらえる表現）を受けた人というだけである。

日本の平和博物館では、展示の主要なテーマとして空襲が頻繁に登場する。日本人は空から容赦なく落ちてくる爆弾がもたらした息詰まる恐怖の記憶を蘇らせ、自らが戦争の「被害者」であったと自覚する。空襲の圧倒的な恐怖とその記憶は戦争に反対し、平和を願う祈りの出発点になるであろう。ただ、日本の平和博物館の多くは、戦争の加害者としての責任にふれず、軽くとらえている。自らが受けた被害を絶対化してしまうと、他人の被害は見えてこない。空襲という恐怖の体験と記憶がいまこの瞬間、別の場所で繰り広げられる容赦ない空襲に対する反対や、被害者に対する同情と連帯につながらないことが残念なのである。しかし、ソウルの戦争記念館に来ると、日本の平和博物館に対するこのような批判はぜいたくでしかない。戦争記念館が映し出す戦争の記憶の中で、韓国人は爆撃者の側にいなければならないからだ。

第4区域に行く通路には朝鮮戦争で戦死した国連軍の名前が刻まれている

次にわれわれは在日韓国人の学徒兵の戦闘シーンを再現した巨大なジオラマを目にすることになる。幼い学生が学業を中断して戦争に巻き込まれたことは、本当に心が痛むことだ。北も南も、少年兵があまりに多かった。強制ではなかったとしても、このとき銃を取った少年たちは称賛の対象になってはいけない。われわれが再び幼い少年たちを戦争に送ろうとするのでなければ。そして地球のあちこちで銃を持った少年兵が、故郷に戻れることを本当に望むのならば。

戦争を再び振り返る余地はあるのか

われわれはなにげなく次の部屋に移動するが、床には白いペンキで文字が書かれている。「38度線」。韓国軍が38度線を越えることで、朝鮮戦争はまったく異なる戦争になってしまった。当初、国連の任務は共産軍を38度線以北に撃退することだった。共産政権を打倒するために38度線以北に進軍することは、当初国連に与えられた国連軍の範囲を大きく逸脱するものだった。このためマッカーサーと李承晩《イスンマン》は1950年10月1日、国軍に38度線をまず越えさせた。38度線以北での国軍の軍事行動が既成事実となった後、国連軍は10月8日、38度線を越えた。その10月1日がまさに国軍の日である。国軍の誕生とはなんら関係のない日。中国は国連軍が38度線を越え北進することは、すなわち中国に対する侵略であり、中国が参戦することになるだろうと、何度も警告していた。第一に、国家を樹立して1年も経っていない中華人民共和国が朝鮮戦争で軍事介入をすることはできないだろうし、二番目に中国軍が介入しても大したことはないだろうというのが北進の理由だった。

マッカーサーの判断は両方とも誤りだったという点がすぐに露見した。中国は百万の大軍を送り、北進していた米軍は壊滅的なダメージを受け、後退を余儀なくされた。マッカーサーはこの判断の誤りを挽回するために、北朝鮮と満州に、一次的に原子爆弾を26発も投下することを主張するなど、戦争の拡大を主張して解任された。

戦争記念館で民間人は、3階にある「展示生活館」に行ってようやく登場する。展示生活館は戦争記念館でもっとも興味深い場所だ。展示生活館で見られる避難民のテント、テントでできた学校の様子、戦時中の生活像などは、平和博物館を作ったとしてもそのまま見せられるものである。ただ、そのメッセージ（こんなみじめな姿にならないよう、事前にしっかりと軍事力を増強し、軍人を大切にしなければならない、または戦争が起きればもっとも大きな被害を受けるのは民間人なので、平常時に反戦平和のために努力しなければならない）には違いがある。

戦争記念館が再現した地下トンネルを過ぎ、われわれがたどりつく場所が「海外派兵室」だ。ここでわれわれは再び、止まったままの1960～70年代式の歴史に会うことになる。ベトナム戦争を帝国主義の侵略に対する独立戦争だと理解する世界中の常識的な評価とは異なり、ここではベトナム戦争が「反共十字軍戦争」であり、韓国軍の派兵は「国家的な無限の誇りとやりがいを持つことになったきっかけ」と理解する。このような歴史認識が支配する場所には「ごめんなさい、ベトナム」運動のような、韓国軍によるベトナム民間人の虐殺や派兵、ライダイハン〔ベトナム戦争に派兵されていた韓国軍兵士とベトナム人の間に生まれた子ども〕問題などに対する省察が入り込む余地がない。そして、少なくともこの部屋では「ベトナム」は統一されたのではなく「滅びた」のである。

いま日本ではかなり右傾化が進んでいるといわれる。しかし、軍国主義はまだ警戒の対象だ。一方、韓国ではかなり民主化が進んでいるというけれど、軍事主義は依然として国家と社会のヘゲモニー的な位置を失っていない。そんな韓国で「軍事主義の宴」を催すのに、戦争記念館が場所をもらえなければ、それこそ軍事主義は「仲間にも入れてもらえない存在」に転落してしまう。日本の靖国神社の戦争記念館である遊就館と韓国の戦争記念館との最大の違いは、展示内容が持つ一貫性と単刀直入性だ。戦争記念館のあちらこちらに翻る各部隊の旗が象徴するように、戦争記念館の展示には一貫性がなく、寄せ集めにすぎない。日本の遊就館を見た後の背筋が凍るような感じはしなかったこと、それが巨大な戦争記念館を長い時間苦労して歩いて見終えた後に感じた安堵であった。

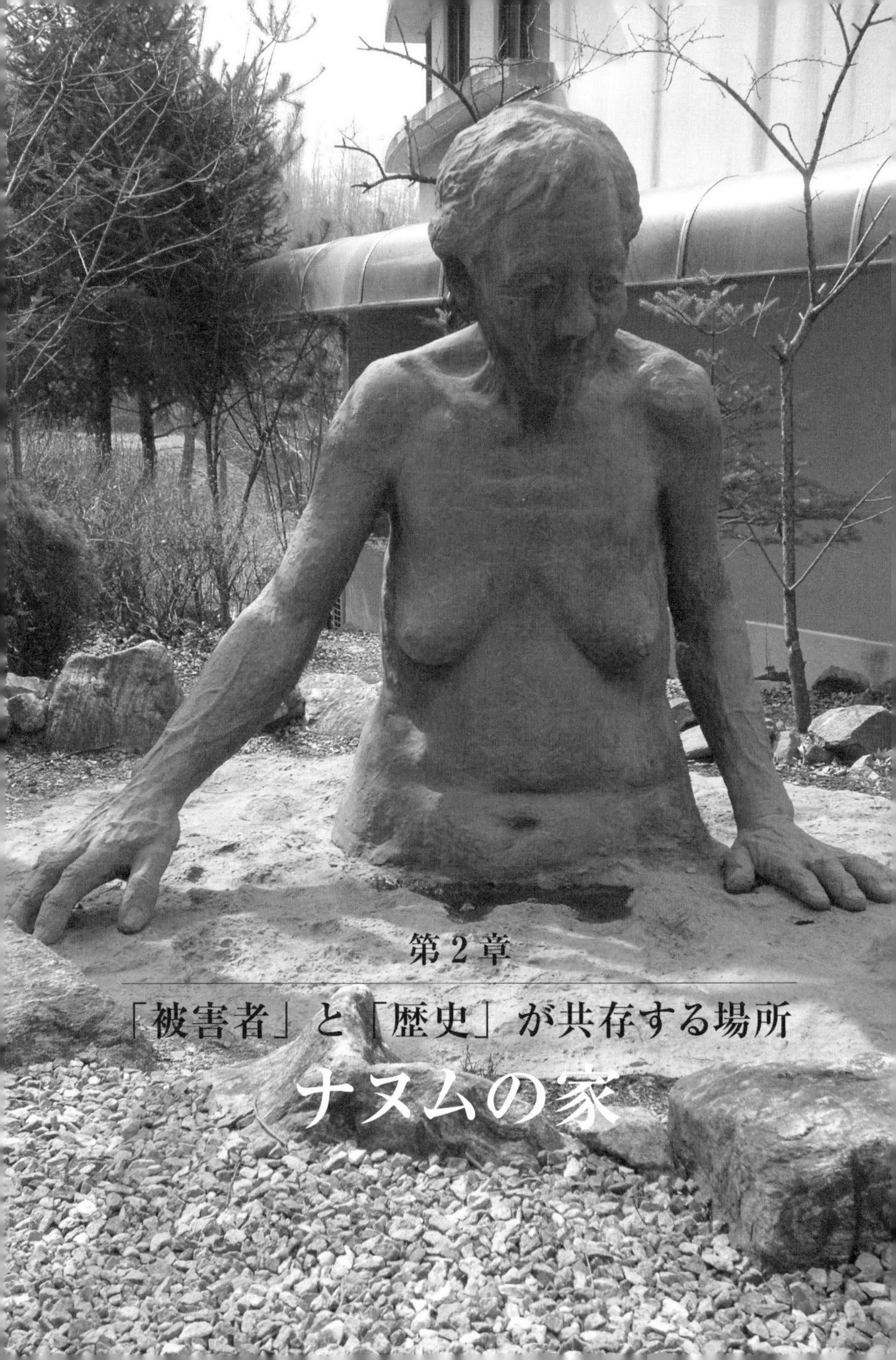

第2章

「被害者」と「歴史」が共存する場所
ナヌムの家

中部高速道路の京安《キョンアン》インターチェンジを降り、京安川をはさんで8キロメートルを走ると、7人（2020年7月時点では5人）の日本軍「慰安婦」ハルモニ（「おばあちゃん」の意味）が一緒に暮らす「ナヌムの家」が現れる。ナヌムの家は日本の帝国主義の蛮行によって大変な苦労をされてきた日本軍「慰安婦」ハルモニたちに、生活の拠り所を設けるため、仏教界を中心に社会各界から寄付を集め作った家だ。

ナヌムの家は1992年10月、ソウル市麻浦区西橋洞《マポグソギョドン》にオープンし、鍾路区明倫洞《チョンノグミョンニュンドン》、恵化洞《ヘファドン》を経て、1995年12月、ここ京畿道広州郡退村洞元堂里《キョンギドクァンジュグントェチョンドンウォンダンリ》に落ち着いた。現在、ナヌムの家は850坪（その後、1800坪に拡大）あまりの敷地に、専門療養施設と修練館1棟、事務所1棟、歴史館1棟などを備えた高齢者住居福祉施設になっている。

「慰安婦」という用語に込められているもの

勘がいい読者は、「慰安婦」という用語に付けられた、少し違和感のあるカギカッコに気付いたかもしれない。言葉そのものに同意するわけではないが、当時の資料に圧倒的に多く登場し、すでに歴史的用語として固まっているために、研究者や関連する活動家がやむを得ず使い、そのばつの悪さを込めたのが、このカギカッコである。なぜばつが悪いのかって？「慰安」なんて、一体だれにとっての「慰安」だったというのだろう。「慰安婦」という用語そのものに、むごたらしいほどに軍国主義の視点が染み付いている。

日本で、特に右翼は「従軍慰安婦」という言葉をよく用いる。しかし、われわれが従軍という言葉を用いるケースは、従軍記者、従軍作家、従軍画家などのように、自分の足で軍隊について行った人々を呼ぶときだ。李舜臣《イスンシン》将軍が一兵卒として従軍したことも、自らが望んでしたことであり、だれかに強制されたものではない。ところが、日本軍の「慰安婦」として引っ張られていったハルモニたちは一様に強制されて引っ張られていった方々だ。人狩りをするかのように連れて行かれた方もいるし、お金で売られていった方もいるし、いいところに就職させてやるという言葉にだまされて連れて行かれた方もいるが、ハルモニたちが「慰安婦」になったのは、ハルモニ個々人では手に負えなかった帝国主義の暴力性が強制的に貫徹していたためである。

初めて日本軍「慰安婦」問題が提起されたころは、「挺身隊《ていしんたい》」という言葉が広く使われた。今も依然として日本軍「慰安婦」問題にもっとも熱心に取り組んでいる市民団体の名称は韓国挺身隊問題対策協議会（略称、挺対協）（２０１８年に、16年に設立された「日本軍性奴隷制問題解決のための正義記憶財団」と統合し、「日本軍性奴隷制問題解決のための正義記憶連帯（正義連）」に改名）である。しかし、今では挺対協も「挺身隊」という言葉は使わない。なぜならば、「挺身隊」は必ずしも日本軍「慰安婦」だけを指す言葉ではなく、日帝の戦争遂行に動員された人々をひとまとめにして指す言葉だからだ。わかりやすく言えば男性も「挺身隊」に連れていかれたのである。日本軍「慰安婦」は

ナヌムの家に新たにできた専門療養施設

「挺身隊」に含まれるといえるが、「挺身隊」というあまりに包括的な言葉では日本軍「慰安婦」問題を説明できない。この問題を研究する研究者や活動家らは日本軍性奴隷という表現をよく使ったりもする。日本軍「慰安婦」らが強制され体験しなければならなかった地獄のような生活の本質をよく表す言葉ではあるが、肝心のハルモニたちは、この言葉が嫌いだという。

「効率性」が作りだしたおぞましい歴史

日本軍「慰安婦」は、世界中の女性史でもっとも胸が痛む出来事だ。あらゆる戦争において、女性はひどい被害を受けることが多い。残酷な戦時、強姦が起きない戦争はほぼないだろう。ところが、日本軍「慰安婦」問題は、通常的な戦時強姦とは大きく異なる。南京大虐殺やボスニア戦争のように、戦時強姦が占領地政策の一環として行われた例がなかったわけではないが、大概の戦時強姦は軍の指揮部や国家指導層の黙認のもと、非公式に行われた。一方、日本軍「慰安婦」問題は、軍部の積極的な計画によって、国家レベルで公式に制度化された、国家で管理する制度的な強姦であった。

ドイツのナチズムが行ったユダヤ人虐殺も、日本の軍国主義が行った日本軍「慰安婦」制度も、共に20世紀に起こった人間性に対するおぞましい蛮行であった。ホロコーストはヨーロッパ社会に大きなショックを与えた。多くのヨーロッパ人は、大量虐殺のような蛮行は、あの未開のアジアやアフリカで起きるようなことだと考えていた。ヨーロッパの近代は、理性と科学の力を信じ、理性と科学を最大限発展させてきた時代だった。そんな近代においてこういったことが起きたということは、本当に耐えがたいことであった。そのため、ヨーロッパの一部の知識人は、ホロコーストのような蛮行は、アルコール中毒者、詐欺師、麻薬中毒者、犯罪者集団が中心になったナチスが、思いがけず政権を握ったために起きた、ごく例外的な出来事にしておこうとした。

このような論理は大変問題が多いが、日本の「慰安婦」問題は、このような論理さえも押しつける余地をまったく与えない。日本軍に「慰安婦」制度を作りだした者は、アルコール中毒者、詐欺師、麻薬中毒者、犯罪者の集団ではなかった。彼らは日本の陸軍士官学校や東京帝国大学を出た、大日本帝国のもっとも優秀な者であった。

第一次世界大戦を経たことで、戦争の様相は、単なる軍事力の対決ではなく、長期的な戦争を遂行するために国家の人的、物的資源の動員をどれだけ効果的に、持続的に行えるかにかかっているという事実が明らかになった。つまり、総力戦の時代が開かれたのである。

日本の軍部にとっては、20世紀初めの日露戦争とロシア革命直後のシベリア出兵の経験もきわめて重要に作用した。この両戦争で、日本軍は戦争による戦闘力の損失も少なくなかったが、性病による戦闘力の損失が莫大であったことに気付いた。当時の日本の軍部は、日本が将来中国を席巻し、ソ連を撃破した後、米国と最後の戦いを行わなければならないと考えていた。このような大国と戦争するには、日本はあまりに小国だった。このような大国と戦うには大規模の軍隊が必要なのに、日本の人口は限られていた。

どうすればより多くの人員を戦争に動員できるだろうか。もし既に動員された兵士が性病に感染するのを防いで戦力を維持できるのであれば、それは実際、数十万を追加で徴兵したのと同じ効果を得ることができる。それは日本の軍部が日露戦争とロシア革命直後のシベリア出兵で得た教訓だった。国家が兵士に「きれいな性」を管理し供給すれば、兵士の士気を高く維持しながら兵力の非戦闘損失も最小化できる一石二鳥の効果を収めることができるというのである。このように「効率性」を追求する過程で登場することになったのが日本軍「慰安婦」制度であった。

大日本帝国のもっとも優秀な子弟が「効率性」を追求する過程で作りだした日本軍「慰安婦」制度は、「効率性」が人の顔を失ったとき、どれほどおぞましいことが起きるのかを表す反面教師だ。

恥ずかしい沈黙の歴史

日本軍「慰安婦」問題の解決でもっとも大きな責任を負わねばならないのは、当然日本政府だ。しかし、韓国政府、そして日本と韓国の市民社会もまた、この問題解決において負わなければならない責任は決して小さくない。特にハルモニたちの苦痛が、韓国が日本の帝国主義から解放された後もそのまま続いた点で、韓国政府と韓国の市民社会が甘受しなければならない責任はきわめて重い。果たして、われわれは日本にハルモニ問題の解決を潔く要求できるほど、ハルモニたちの面倒をみているのだろうか。

韓国が日本の支配から脱したのは１９４５年。しかし、日本軍「慰安婦」問題が韓国社会で公に議論されたのはそれから40年以上が経った80年代後半だった。日本軍「慰安婦」出身で初めて金学順《キムハクスン》さんが公開証言を行ったのは1991年になってからだった。この長い沈黙を私たちはどう受け止めなければならないのだろうか。日本軍「慰安婦」ハルモニたちの痛みを「貞操」の問題として、民族の受難としかとらえてこなかった雰囲気が、このような沈黙を招いたのである。

ナヌムの家が退村面元堂里に落ち着いたのも、簡単なことではなかった。篤志家が良い敷地を寄付してくれたのにもかかわらず、社会的偏見を克服するのは容易ではない課題だった。一部の住民が、「挺身隊」という言葉を聞いて迷惑施設が来るのではないかとひどく反対をしたそうだ。それでも韓国社会にハルモニの問題を自分のことのようにとらえる人々が要所要所にいて、困難を突き破って今日に至るのである。その後、株式会社テドンが建物を寄付し、日本軍慰安婦歴史館が1998年8月にオープンすることになった。

李玉善（イ・オクソン）さんがナヌムの家を訪問した学生たちに証言を聞かせている。ナヌムの家提供

日本軍慰安婦歴史館は「性奴隷」をテーマにした人権博物館としては世界で初めて作られたものだ。ここは忘れゆく日本の戦争犯罪行為を広く知らせ、被害者のハルモニの名誉回復のために、そして新しい世代のための歴史教育の場として活用できるようにと作られた。

この歴史館は、韓国と日本の市民の自発的支援による純粋な民間資源で設立されたので、展示の方向性と内容で、運動主体の独立性が十分に保障されている。しかも、ここはハルモニたちが暮らしている場所なので、被害者と歴史が一緒に息づく生きる歴史館という役割を持っているともいえるが、世界にこのような歴史館はどこにもない。

ハルモニたちの証言を落ち着いて座って聞くことはナヌムの家でなければ難しい。個人ではなく団体で来て、事前に申し込めば、ハルモニたち自らが辛かった記憶を呼び起こし若い世代に聞かせてくれる。ハルモニたちは証言を何度もしているが、一度話すと胸がドキドキして夜眠れなくなるという。何度かナヌムの家を訪ねた立場としては、ただハルモニたちが元気なのか確認すればいいのだが、初めてここを訪れる学生が多いので、また身勝手にもハルモニに証言をお願いする。

日本軍「慰安婦」問題で、いや過去清算と関連するあらゆる領域で被害者の証言は決定的な意味を持つ。「客観的」な資料がないだとか、学のない一個人の証言に重きを置くことはできないとかという話は、加害者が常に使う常とう句だ。金学順ハルモニの初めての証言が出るまで40年以上を要したが、沈黙の壁を飛び越えた証言は、歴史的事実を復元するだけでなく、苦痛に打ちのめされた被害者らが歴史の主役として復活する契機を提供してくれる。

ハルモニたちの証言は一般的に、学生の皆さんが一生懸命勉強し、韓国を力強くて豊かな国にして、皆さんのような不幸な人が二度と出ないようにという願いで締めくくられる。結論だけを見れば、「富国強兵」を力説するようだが、被害者の切実な願いなので、われわれは胸の奥に深く言葉を刻むのだ。

生々しい記録の現場、日本軍慰安婦歴史館

ハルモニの証言を聞いた後は、日本軍慰安婦歴史館を見て回るのが順序だ。地上2階、地下1階、計104坪の規模で作られた日本軍慰安婦歴史館は、野外を含め、全部で5つの展示スペースに分かれている。歴史館の入り口に入ると1階に「第1展示スペース――証言の場」が位置している。ここは日本軍「慰安婦」問題を概括的に見せる場所で、国内外の日本軍「慰安婦」被害者から採録した証言を展示、公開し、日帝の軍「慰安婦」の蛮行を記録した各種ドキュメンタリーを上映する。

階段を降りて地下に行くと、「第2展示スペース――体験の場」が現れるが、ここには実物大で再現された「慰安所の部屋」がある。毛布が置かれたベッドに何気なく揺れる白熱電球。ここで15～16歳の幼い少女はぶるぶる震え、よくできない日本語で「日本人と朝鮮人は天皇陛

ナヌムの家の敷地内にある日本軍慰安婦歴史館

「第2展示スペースー体験の場」には実物大で再現した「慰安婦の部屋」がある

下が同じね」とそらんじて、チョゴリのひもをほどかなければならなかった。同行した一行のうち、少し意地悪な男子学生が女子学生に一度寝てみなよと言うと、女子学生はたちまち涙が浮かんできそうだった。

この部屋は昔の様子をただ再現した空間だが、男性である私がベッドに少し腰かけるのでさえつらいほどだった。説明を聞いて目で見るのも大切だが、体と心で直接感じることこそ、フィールドワークでもっとも重要なことだ。「第2展示スペース」にはまた当時「慰安所」で使われていた軍票、サック（コンドーム）などが陳列されており、朝鮮、満州、中国、台湾、東南アジア各地に設置されていた「慰安所」の写真が展示されている。部屋の片隅に置かれている真鍮のたらいは「慰安所」の苦痛の日常を無言で伝えてくれる。

再び1階に上がると、「第3展示スペース——記録の場」がある。ここは日本軍「慰安婦」関連のさまざまな重要文書と写真（映像）資料、冊子、教科書などを展示している。ここには日本帝国主義の敗戦が「解放」の喜びにつながらず、虐殺と残留と置き去りと蔑視につながった、日本軍「慰安婦」出身の女性たちの悲しい歴史も記録されている。また、日本軍「慰安婦」問題をめぐり、日本の極右勢力が好き勝手に放ったさまざまな妄言の歴史も展示されている。

「第3展示スペース」で人気があるのは「慰霊の場」だ。帰ることのできなかった女性たち、名前も痕跡も残すことのできなかった女性たちを称える意味で、フェミニストの画家、尹錫男《ユンソンナム》さんの作品（「光の美しさ、生命の尊さ」）が設置されており、その前には参拝客のための香炉の皿が置かれており、帰ることのできなかった女性たちとの無言の対話ができるようになっている。いったい、何人の女性が連れて行かれ、何人が生きて帰ってこられたのか。はずかしくも私たちはその数字を知らない。漠然と書けば８万、多ければ20万人と推測されるだけで、そのうち何人が死に、何人が現地に放ったらかしにされ、何人が運良く帰ってこられたのか、われわれは知らない。それにしても、家に戻ってこられたことを「運良く」という表現を使ってもよいのだろうか。

　その数多くの日本軍「慰安婦」の80％は朝鮮人だったといわれている。しかし、この地に生きて帰郷した女性が後に「私は日本軍慰安婦だった」と自ら申し出た人はわずか２４３人だった。そして、今は90人を少し超える人〔２０２０年８月末現在、16人〕だけが生き残り、問題の解決を待っている。香炉の周りには、主に日本人訪問客が作った折り鶴や紙の輪飾りがいつもたくさん置かれている。「記録の場」ではまたハルモニたちの証言を聞くことができ、日本大使館前で毎週水曜日に欠かさず行われた水曜デモの写真など、日本軍「慰安婦」問題の真相究明活動が写真でよく整理されている。

　「第４展示スペース—告発の場」は、ハルモニたちが描いた作品が主に展示されている。当初、ハルモニたちは美術療法の一環と

歴史館1階「慰霊の場」の前に参拝客のための香炉がある

ハルモニたちは美術治療の一環で絵を描き始めた。その中で金順徳（キム・スンドク）さんの「咲ききれなかった花」は見る者の息を止めるほど

して絵を描きはじめたのだが、金順徳《キムスンドク》、姜徳景《カンドッキョン》、裵春姫《ペチュニ》ハルモニらは、驚くほど絵が上手だった。ハルモニたちが描いた絵が持つ切実なアピールは、見る者を圧倒してしまう。

そのなかでも圧巻は、金順徳ハルモニの「咲けなかった花」だ。ある住宅街に捨てられていた屏風を拾い、屏風の花柄の刺繍に16歳のとてもきれいな自らの姿を重ねて描いたこの作品は、本当に見る者の息をつまらせてしまうほどだ。あ、そうだったんだ！　こんなにきれいな16歳の子どもだったんだ。ハルモニが連れていかれたんじゃないんだ。そのいまさらの発見に胸がずきずき痛む。

姜徳景ハルモニの「責任者を処罰しろ」にも、同じく強烈なメッセージが込められている。天皇裕仁に見える男を木にしばり、韓服を着た3本の手が彼に銃を向けている。姜徳景ハルモニは「奪われた純情」でも「責任者を処罰しろ」と同じく日本の軍人を木の中に描いた。もしかしたら、「奪われた純情」に登場する日本の軍人が「責任者を処罰しろ」に登場するその軍人なのかもしれない。責任者の処罰が、どうして私的な報復であろうか。過去の清算作業で、公的な処罰は私的な処罰を防ぎながらも、正義の実現をもたらすだけでなく、被害者の治癒に欠かせない薬の役目を果たす。

ハルモニたちの絵は、日本や米国などで何度か巡回展示され、世界中の人々の心に響いた。このスペースにはハルモニたちの作品以外にも、水曜デモやナヌムの家の日常を韓紙の人形で表現した安《アン》テレサ修道女の作品と、ハルモニと来場者がより直接的に対面して向き合えるよう考案された作家ユク・クンビョン氏の「タイムトンネル」という作品が設置されている。また、この空間には、姜徳景ハルモニら、ナヌムの家で亡くなったハルモニたちの遺品が展示されている。

「第4展示スペース——告発の場」を出て階段を下りると、ハルモニたちが両手を直接泥土に押して名前を刻んだハンドプリントのレリーフを見ることができる。ハンドプリントレリーフを過ぎて出口を出れば、姜徳景ハルモニ、金学順ハルモニ、金順徳ハルモニの大きな赤色の肖像画があるが、特異なことはこの肖像画が歴史館を観覧した人々の指紋の捺印で作られたという点。歴史館を訪ねた韓国人や日本人、その他数多くの国から来た外国人数千人の指紋で作られたこの肖像画は、ハルモニたちに対する支持の気持ちが切実に込められている。

「第5展示スペース——追悼の場」は、野外にある。作家尹暎晳《ユンヨンソク》氏が作った「咲けなかった花」の銅像は、上述した金順徳ハルモニの「咲けなかった花」をモチーフにしたもので、銅像の足下にある地下にはかつての日本軍「慰安所」の模型が埋められているという。これは

ナヌムの家の庭の片隅に、亡くなったハルモニを安置する納骨堂と追悼碑が建っている

「慰安婦」出身の女性らが過去の苦痛を乗り越えてすっくと立ち上がる姿を形に表したものだ。銅像の後ろには、ナヌムの家が広州の退村に移ってから初めて亡くなった姜徳景ハルモニの1周忌の追悼碑が建っている。碑石の右向こうにはナヌムの家で亡くなったハルモニを祀った納骨堂と追悼碑が建っている。

歴史館で少しスペースがあるところどころに、亡くなったハルモニたちの遺品を展示する陳列台が一つずつ追加されていく。同時に、本当に悲しいことではあるが、納骨堂にも最後まで恨（ハン）をはらせずに亡くなったハルモニたちの遺骨が一つずつ増えている。追悼碑の横には作家林玉相《イムオクサン》氏の作品「大地の女」が、それこそ冷たい大地を踏みしめて立っている。

２００９年10月31日には、ナヌムの家にハルモニたちが居心地良く過ごせる専門療養施設ができた。２００１年から「一坪の土地購入運動」を展開して敷地を用意したが、上水道保護区域のため、紆余曲折の末、新しい敷地ではなく、老朽化した既存の建物を壊し、その場所に新しい建物を建てた。ハルモニたちは国民の募金でこのような施設を作った事実に対し、「多くの方々が私たちと私たちの問題を忘れていないんだ！」と語り、とても喜んだという。新しい建物は2階建てだが、エレベーターを備え付けた。ハルモニたちが歳を取り、もはや階段の上り下りが大変だからだ。建物の外壁を黒いレンガで造ったのは、亡くなったハルモニたちを称える意味からだ。

執念の「水曜デモ」と厚かましい日本政府

日本軍慰安婦歴史館は展示の範囲を日本軍「慰安婦」問題に限っているが、ハルモニたちの生活空間の隣にあるという現場性と、ハルモニたちが直接描いた絵が与えるすさまじいアピール力によって、見る者に強く響く場所だ。また歴史館の建設と管理がすべて民間団体によって行われているために、展示内容が外部の要因によって左右されることもない。しかし、外からのサポートがないということは、歴史館の財政にまったく余裕がないということを意味する。したがって、展示物のアップデートや交換が定期的に行われにくい。

日本軍「慰安婦」問題は日本と朝鮮の間の問題でもあるが、同時に女性と男性の間の問題であり、国家と市民の間の問題であり、帝国主義と植民地の間の問題であり、朝鮮の女性の中でも貧しく学校で学べなかった女性たちばかりが連れて行かれたという点で階級問題も含むとても複合的な問題だ。

日本軍「慰安婦」歴史館の展示は、比較的このような多次元の問題を意識しながら準備されたといえる。少し残念なのは、日本軍「慰安婦」として引っ張られていった女性の80％以上が朝鮮人だっ

水曜デモ

「戦争と女性人権博物館」着工式

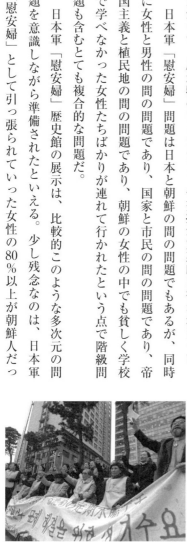

たというが、ほかの国の被害女性たちの話が不十分な点と、米軍基地周辺の歓楽街の問題など、依然として続く国家と軍隊と女性の関係に対する省察が展示に反映されていない点などが挙げられる。

毎週水曜日になると、ハルモニたちはワゴン車に乗ってソウルへデモに出かける。足かけ17年にわたって８５０回（２０２０年8月末現在、１４５４回）を超えるデモを行い、単一テーマで行われる世界最長のデモとしてギネスブックに載ったという。集会および示威に関する法律に、外国大使館周辺１００メートル以内では集会ができないようになっているが、長い歴史をもつ水曜デモだけはこの法を飛び越えている。日本大使館前は全世界でもっとも粘り強いデモが行われている場所（日本大使館は２０１5年に移転したが、水曜デモは同じ場所で行われている）であり、その粘り強さの前で微動だにしない日本政府の厚かましさがぶつかる歴史の現場でもある。

日本軍「慰安婦」問題と関連しては、挺対協が「日本軍慰安婦の名誉と人権のための戦争と女性人権博物館」の建立を推進中だ。長い議論の末に「戦争と女性人権博物館」の敷地が西大門《ソデムン》の独立公園内に確定し、２００9年3月8日には「起工式」という名のイベントが開催された。ところが、この起工式は普通の着工式とは違っていた。韓国では起工式を行うとき、「最初のスコップを入れる」という表現をよく使う。しかし、「戦争と女性人権博物館」の起工式は、名前は起工式だが最初のスコップを入れることができなかった。

光復会などの独立運動団体が、西大門独立公園内に「戦争と女性人権博物館」を建立することを「格が違う」というとんでもない理由で反対しているからだ。彼らは殉国烈士を称える西大門独立公園内に、日本軍「慰安婦」ハルモニたちの受難を伝える博物館が建立されることは「独立運動家らと独立運動の価値を貶める殉国烈士に対する名誉棄損」だと主張する。このような態度こそ独立のために命を捧げた殉国烈士らを侮辱することではなかろうか。あんなに苦痛を受けている同胞を解放させる以上に切実な独立運動の理由があっただろうか。日本軍「慰安婦」の歴史を痛みではなく恥と考える家父長的で非人間的な態度こそが、本当に恥ずかしいことなのだ（戦争と女性人権博物館は2012年5月にソウル市麻浦《マポ》区にオープンした）。

第3章

和解できない矛盾の空間
国立ソウル顕忠院《ヒョンチュンウォン》

ソウル市銅雀洞《トンジャクトン》にある国立ソウル顕忠院《ヒョンチュンウォン》。今も多くの人がここを「国立墓地」と呼ぶ。韓国には国立墓地が計8カ所あるが、国立ソウル顕忠院はもっともよく知られている代表的な国立墓地だ。ほかの7カ所とは、国立大田《テジョン》顕忠院と、国立5・18民主墓地、国立4・19民主墓地、国立3・15民主墓地といった民主墓地3カ所と、国立永川《ヨンチョン》護国院、国立任実《イムシル》護国院、国立利川《イチョン》護国院といった護国院3カ所である。ほかの7カ所の国立墓地はすべて国家報勲処の管轄だが、国立ソウル顕忠院だけは、依然として国防部の管轄になっている。

最上級の「聖地」国立ソウル顕忠院

国立ソウル顕忠院の中心施設である顕忠塔には朴正熙《パクチョンヒ》の字で「ここは民族の魂がこもる場所／祖国とともに永遠にある彼ら／太陽と月がこの丘を保護するだろう」と書かれている。一般の国民にも、国立ソウル顕忠院は国家の最高の聖地として、その尊厳が広く認められている。そのせいか、大統領候補レベルの大物政治家らも何か大きな事があるたび、ここを訪れる。

1987年、民正《ミンジョン》党大統領候補の盧泰愚《ノテウ》が6月抗争の激しい要求を受け入れ、大統領の直接選挙制を核とする「6・29宣言」を行う際もここを訪れた。1992年には三党統合後の最初の国会議員選挙で惨敗し、辞任の圧力を受けた民自《ミンジャ》党代表の金泳三《キムヨンサム》もここを訪れ、押し寄せる辞任圧力を大統領出馬宣言で迎え撃った。問題を起こした――または問題を起こそうとする――政治家が国立ソウル顕忠院を訪れる理由は、ここに埋葬されている方々みんなを自分の味方につけたいという期待によるものだろう。

国立ソウル顕忠院は多くの人々が訪れる場所だ。ここに埋葬されていたり、位牌が奉安されたりしている人の数は16万7000人を超えるので、遺族の訪問が絶えない。近代民族国家で国立墓地は最上級の「聖地」。国家の統制下にある教育システムは、学生が国立ソウル顕忠院を参拝することを勧めている。

国立ソウル顕忠院はホームページを通じて、ソウル特別市教育長および京畿道《キョンギド》教育長と協議し、烈士の愛国精神を学生に現場教育として伝えるため、小学5年生、中学2年生を対象に毎日2000人ずつ顕忠宣揚館を見学するように勧めていることを明らかにした。このほかにも、地方の多くの学校が現場学習としてここを訪れており、朴正熙大統領に対して郷愁を持つ人々が、バスを借りて朴正熙大統領の墓地を参拝する姿もよく見られる光景だ。

国立ソウル顕忠院は、総面積が143万平方メートルで、墓地面積は35万平方メートルに達する。国立ソウル顕忠院は、漢江《ハンガン》を渡って冠岳《クァナク》山から連なる孔雀《コンジャク》峰を主山としているが、孔雀峰の山の形が、将軍が兵士を率いているような将軍対座形で、千軍万馬が並んでいる形状だという。

ここに場所を決めたのは初代大統領の李承晩《イスンマン》で、彼自身もここに埋葬されている。李承晩は韓国で最初の西洋式哲学博士だが、「地相師としても識見があった（李承晩が国立墓地に埋葬される際、これを報じた朝鮮日報の記事にある表現）」といわれる。ここを参拝したことがある人は、風水地理について詳しくなくても、本当に視界がぱあっと開ける墓所だという感想をもつだろう。

国立ソウル顕忠院は、都心から遠くない場所にあるが、山林地域でもあり、軍が特別に管理していて一般人が近寄りがたいため、自然の状態が損なわれずに残っている。ここには天然記念物243号であるアカハラダカをはじめ鳥類26種が生息している。2005年にはMBCで国立ソウル顕忠院の鳥類を中心に「顕忠院の友達」という自然ドキュメンタリーを制作して放送するほど、ここの生態系はよく保全されている。

犠牲を正当化する花を捧げよ

今日、われわれが見る国立墓地は、近代民族国家成立後に登場した近代の産物である。しかし、近代以前にも国立墓地がなかったわけではない。王や王妃が埋葬される「陵」や、王位に上がることができずに世を去ってしまった跡継ぎや、正式に王妃の任命を受けられなかった王の生みの親などを埋葬する「園」がある。陵や園のような王朝時代の国立墓地は、埋葬される人の身分が示しているように、誰もが埋葬できる場所ではなかった。その反面、近代国家の国立墓地は「国のために捧げた命」であれば、身分に左右されることはない。

第一次世界大戦を経て、近代国家の多くが設けた国立墓地に埋葬された人々はほとんどが下級兵士だった。近代以前は、下級兵士が死ぬとどこに埋葬されたのだろうか。その頃は冷蔵、冷凍施設もなく、交通の便も良くなかった。高い位の将軍や有名な王族であれば違ったかもしれないが、一般兵士の死体を故郷に運んでくることは夢にも思えないことであった。一般兵士は運が良くても自分が死んだ場所の近くに埋められただけで、骨もかき集められなかったことがほとんどであったろう。
近代に入って民主主義が発展し、戦争の様相が一般の国民全員が参加する総力戦に変わったことで、国立墓地は近代国家のもっとも重要なシンボルとして登場した。国家は度重なる戦争を行ったことで、そしてこれから行わなければならないたくさんの戦争に備えつつ、戦争で亡くなった命が、意味のない犬死ではないということを示さなければならないことを悟った。国のために命を捧げることに最大限の意味を付与しなければ、これから行われるであろう戦争で国民に命を捧げることを要求できないからである。

近代民族主義が勃興し、各国で流行のように無名兵士の記念碑や記念塔が建てられ、無名兵士の墓地または軍人墓地が作られはじめた。国立墓地について、最初に社会学的な分析を試みたキム・ジョンヨプによると、「戦没者を1カ所に集めて、彼らを祈念する戦没者崇拝の仕組みを作ることで、国家は、国家の土台がまさしく軍隊であり、犠牲というイデオロギーを伝播し、そうすることで動員を続け、犠牲を正当化する象徴的支配を達成できる」というのである。

韓国で軍人墓地建設の議論が始まったのは、政府が樹立した翌年の1949年であった。1948年10月に発生した「麗水《ヨス》・順天《スンチョン》反乱事件」〔麗水に駐屯する軍人たちが済州島で起きた4・3事件の鎮圧を拒否して起こした反乱〕を鎮圧する過程で少なくない軍人の犠牲者が出て、後方各地で繰り広げられたいわゆる共産ゲリラ討伐作戦でも多くの軍人が死亡した。また、1950年6月25日、南北が38度線で全面的な武力衝突に突入する以前にも大小の武力衝突によって犠牲者が絶えることはなかった。彼ら犠牲者を初めはソウルの奨忠洞《チャンチュンドン》（現在の奨忠壇《チャンチュンダン》公園）に安置したが、犠牲者の数が増えるにつれ、軍人墓地の建設が急を要するようになったのである。

ところが、朝鮮戦争が本格化する前に、いったいどれほど多くの軍人が犠牲になったために軍人墓地建設が急を要する懸案となったのであろうか。韓国社会がよく朝鮮戦争の公式勃発日として記憶する、1950年6月25日以前に犠牲になった大韓民国の軍人の数は約8000人に及ぶ。イラク戦争で米軍の犠牲者は5年間で約4000人だったが、韓国の場合、たった2年で米軍犠牲者の2倍ほどの8000人あまりになったのである。ほかの国では、ふつう戦争を行ったことで軍人墓地や国立墓地を設けることになるが、韓国は公式的な戦争開始を前に、あらかじめ軍人墓地の場所を決める作業を行っていたのである。ああ、なんて悲しい歴史なんだ!

国立ソウル顕忠院が今日の姿を持つにいたるまでは、いくつものステップを経なければならなかった。国軍墓地としてスタートした顕忠院は、1965年3月30日、国軍墓地から国立墓地へと昇格した。李承晩が世を去る直前のことだった。国軍墓地が国立墓地に昇格することによって、埋葬対象者の範囲が拡大し、愛国烈士墓域、警察墓域、大統領墓域などが造成された。国立墓地は1960年代末から1970年代初め、韓国軍が大規模にベトナム派兵され、5000人近い犠牲者が発生したことでさらに規模が拡大した。

北朝鮮の国立墓地も参拝できるだろうか

国立ソウル顕忠院は「悲壮」と「荘厳」と「厳粛」があふれる場所だ。フィールドワークの授業を行う際、学生の中にはたまに半ズボンにスリッパで来る者もいるが、手が切れてしまうほどピシッと折り目の入ったズボンの衛兵に制止されることもある。しかし、もっとラフな服装でも、自家用車やタクシーに乗ってくれば無事通過だ。正門を通過すれば忠誠噴水台が目に入るが、陸軍、海軍、空軍、海兵隊、予備軍など、どこでも見られる造形物であり代わり映えしない。とうてい数え切れないほど多くの造形物がまったく同じ形…。なぜわれわれはいつも同じ形、同じ雰囲気で「追悼」を強要されなければならないのか。

　噴水台を過ぎ、だだっ広い芝生の広場を通り過ぎると、顕忠門と顕忠塔が現れる。1967年に顕忠塔を作ったあと、朴正熙の指示で翌年に顕忠門を作ったが、横に広がる顕忠門と垂直にそびえる31メートルの顕忠塔がアンバランスだ。塔は門に隠れてよく見えず、門の屋根のラ

国立ソウル顕忠院に入ると最初に目にする忠誠噴水台。横の LED 看板が「追悼」を強要している

インはとんがっている塔によって景観を損ねてしまう。顕忠門は同じころに朴正熙が作った光化門《クァンファムン》や景福宮《キョンボックン》内の民俗博物館の建物のように、代表的な韓国の伝統家屋をまねたものだが、木材をまったく使用しないコンクリートの塊だ。

顕忠門は、気持ち的にはすぐにでも撤去してほしいと思うが、それなりの歴史がある。南北朝鮮の緊張が極度に高まっていた１９７０年6月22日、北側が派遣した工作員たちが6月25日に予定されている記念行事に出席する要人らを暗殺するため顕忠門の屋根に爆発物を仕掛けたが、操作ミスで爆発物が爆発し、１人が遺体の確認ができないほどに爆死した事件が起きた。間違いなく単独行動ではなかったはずなのに、共犯者が逃走し逮捕されなかったので何も分からない。１９８３年、ビルマのアウンサン国立墓地で韓国政府の要人らを爆死させたアウンサン事件の前に国立ソウル顕忠院でも大事件が起きるところだったのだ。

学生とともに顕忠塔の前に行ってみんなで黙とうを捧げた。黙とうというのは本来静かに行うものだが、顕忠塔の前でとても騒々しく黙とうを行う騒動が起きたことがあった。２００５年、独立60周年を祝う「8・15民族大祝典」に参加するためソウルを訪れた北朝鮮代表団が、驚いたことに国立ソウル顕忠院を訪れ、黙とうを捧げたのだ。これは本当に意外なことだった。韓国の保守系メディアは、それまでの南北交流でソウルを訪問した北朝鮮の訪問団が国立墓地に参拝しないと非難してきた。ところが、いざ北朝鮮代表団が国立ソウル顕忠院に来て黙とうをして帰ると、これを韓国社会の世論の分裂を図ったパフォーマンスだと非難した。韓国の代表的な保守論客である趙甲済《チョガプチェ》は自身のホームページで北朝鮮代表団の国立ソウル顕忠院参拝を、「戦犯集団の鉄面皮な国立墓地参拝ショー」だと非難した。

北朝鮮にも当然、彼らの国立墓地がある。平壌《ピョンヤン》近郊大城山《テソンサン》の「革命烈士陵《ヒョンミョンリョルサルン》」と新美里《シンミリ》の「愛国烈士陵《エグクリョルサルン》」は韓国の国立墓地に比べると埋葬対象者の範囲がごく限られているものの、外国の公式的な国立墓地に該当する機能を持っている場所だ。2005年、北朝鮮の朝鮮社会民主党の招請で平壌を訪問した韓国の民主労働党代表団の金恵敬《キムヘギョン》党代表が、芳名録に「愛国の気持ちを刻みたい」と書いたことを保守勢力が問題視したこともあった。

国立ソウル顕忠院は、南北間でもっとも激しく非難し合っていたころ、北朝鮮が「李承晩傀儡の徒党」や「朴正熙傀儡の徒党」などと非難していた李承晩と朴正熙が眠っている場所だ。果たして韓国代表団が北朝鮮を訪問して金日成《キムイルソン》が眠っている錦繍山《クムスサン》記念宮殿や朝鮮戦争時の北朝鮮の指揮官らが多数埋葬されている大城山革命烈士陵を集団で公式参拝できるだろうか。

独立運動家と親日派、同じ場所で眠る

顕忠塔の下には位牌奉安館がある。位牌奉安館は、朝鮮戦争当時死亡した事実は確認できたものの遺体が見つからなかった10万3000人以上の戦死者らの位牌を奉安した場所である。地下の納骨堂には遺骨はあるものの、身元が分からない無名兵士5700人分の遺骨が安置されている。現在、軍当局は朝鮮戦争で戦死した兵士の遺骨の発掘ならびに収拾に精魂を注いでいるが、新たに発掘された遺骨の中には身元が確認できたものもたくさんあるが、誰が誰なのか分からない遺骨もや

はり多いという。

位牌奉安館の天井には天国の様子が彫られており、奉安館内部の隅々に山の神様の姿をした守護像が位置している。位牌奉安館の中心施設である「英顯《ヨンヒョン》昇天像」や守護像の顔を見ると、伝統的な韓国の顔ではなく、まるでギリシャやローマ神話から飛び出してきたかのようで、ぎこちない印象を与える。

位牌奉安館は、朝鮮戦争当時死亡した事実が確認されたものの、遺体が見つからなかった10万3000人あまりの戦死者の位牌を奉安した場所だ

位牌奉安館を出て、右側に少し上がると、愛国烈士の墓域と臨時政府〔1919年に韓国の独立のために上海で臨時に組織された政府〕要人の墓域が現れる。愛国烈士墓域には、李麟栄《イイニョン》、申乭石《シンドルソク》、許蔿《ホウィ》ら義兵長や3・1独立運動の指導者たち、義烈闘争の指導者たちが埋葬されている。愛国烈士の墓域内には独立運動に献身して殉国したものの、遺骨が見つからず、子孫もいない殉国烈士131人を位牌で奉安している。独立運動当時、犠牲になった柳寛順《ユグァンスン》烈士のような方がここで奉られるのは当然だが、趙素昂《チョソアン》、鄭寅普《チョンインボ》、厳恒燮《オムハンソプ》らのように南に子孫が生きており、北には墓地が作られている「拉北独立有功者」15人がここに奉られていることに、分断の悲劇的ぎこちなさをあらためて感じる。
臨時政府要人の墓域には、大韓民国臨時政府の総長クラス（長官クラス）以上の職位を歴任した殉国烈士15人が安葬されている。ここには臨時政府の第2代大統領を務めた歴史学者の朴殷植《パクウンシク》、国務領を務めた洪震《ホンジン》、李相龍《イサンリョン》、梁起鐸《ヤンギタク》らが奉られている。このような方々を国立墓地で奉るのは当然なことだが、臨時政府に参加したのは総長クラス以上だけではないだろう。韓国の歴史には職位にとらわれず自分の命をかけた独立運動家があまりに多い。ここで、また目を引くのは、臨時政府国務委員の中で、もっとも後に亡くなった趙擎韓《チョギョンハン》の墓所だ。趙擎韓は生前、国立墓地に親日派〔朝鮮が日本の植民地になることに手を貸したり、植民地支配に協力した人々〕の墓がものすごくたくさん作られたことに怒り、自分が死んでも絶対に国立墓地に埋めないようにとの遺言を残したというが、なぜだかここに奉られている。

臨時政府要人の墓域付近には、忠魂堂という新しい建物が建っている。国立ソウル顕忠院の

国立ソウル顕忠院のもっとも高い位置に朴正煕元大統領夫妻の墓がある

墓域がすべて埋まったことにより、政府は１９７９年に国立大田顕忠院を追加で作ったが、大田顕忠院も同様に20年以内にいっぱいになるだろう。韓国のように土地が狭く、人口は多い国で、現在のような墓地、あるいは埋葬システムをそのまま維持しようとすれば、韓国が墓だらけになるのは時間の問題だ。このため、韓国社会では墓地の代わりに、納骨堂に遺骨を奉る文化が急速に広まっている。２００５年に竣工した忠魂堂は全部で2万以上の遺骨を奉ることができる現代式の納骨堂だ。

臨時政府要人の墓域を見た後、循環道路に上がり道なりにしばらく行くと、国立墓地でもっとも高い場所に位置する朴正熙大統領夫妻の墓所が現れる。この墓所は、韓国でもっとも多くの議論を巻き起こした場所だろう。現職大統領の妻である陸英修《ユクヨンス》夫人が狙撃犯の凶弾の犠牲になり世を去った。朝鮮時代式にいえば、一言で国葬を行う事態が起きたのである。

このとき、陸英修夫人の墓所を誰が決めるのかは、事実上、当代最高の地相師が誰であるかを決めることと同じであった。大統領府の墓所を決めたからといって特別に大金をもらうわけではないだろうが、大統領府が目を付けた当代最高の地相師になれば、財閥の家系の墓所を決める仕事を独占できるのではなかろうか。そのせいで地相師の間では、ここがいいとか悪いとか、あらゆる噂と聞くに堪えないさまざまなデマが乱舞した。

こんなデマは聞き流せばいいが、5年後に朴正熙までも銃撃によってこの世を去ったことを考えると、この場所は決してすばらしい墓所だとは呼べないだろう。朴正熙、陸英修夫妻の子どもの立場で見れば、両親が別々に銃撃によって亡くなったのである。朝鮮戦争以後、夫婦が5年というかなりの時間をおいて別々に銃に撃たれて死んだ家は、おそらくこの家だけではないだろうか。

朴正熙の墓所から下ると将軍の墓域が現れる。韓国の不幸な現代史が親日の残滓清算をしっかりできずにスタートしたため、ここには当然、親日の疑惑から逃れられない人物がかなり眠っている。国立ソウル顕忠院の将軍墓域も問題だが、国立大田顕忠院の場合は、問題がより深刻だ。

ここで何年もの間論議を呼んだ人物が、金九《キムグ》暗殺の黒幕とされている金昌龍《キムチャンニョン》だ。金昌龍の墓は金九の母、郭楽園《クァクナグォン》女史の墓所とさほど離れてはいない。国立大田顕忠院では2・8独立宣言〔1919年2月8日に東京でなされた独立宣言〕の主役で独立有功者として叙勲された後、毎日申報《メイルシンボ》にいたころの親日行為のために叙勲がはく奪された徐椿《ソチュン》の墓碑が、2004年6月5日、大田顕忠院当局によって撤去された。その後、徐椿の遺族は彼の墓所を移葬してしまった。

将軍1墓域の下側には、李承晩大統領夫妻の墓が位置する。将軍1墓域と李承晩大統領の墓の間に、左手には2009年8月18日に逝去した金大中《キムデジュン》大統領の墓域が造成されている。朴正熙の墓が300坪、李承晩の墓が80坪であるのに比べると、故人の遺志に沿って30坪ほどの質素なものだった。保守派の老人たちがたまに金大中大統領の移葬を要求する集会を行っているというが、実に苦々しい。

記憶したい死は別にある

国立墓地は矛盾の空間だ。その矛盾は、単に独立運動家と親日家という、決して和解できない両者が国立墓地の中にひとまとめで眠っていることだけではない。国立ソウル顕忠院の28、29墓域をよく見ると「1980年5月○○日、光州《クァンジュ》で戦死」と書かれた墓碑を見つけることができる。光州で犠牲になった戒厳軍の墓碑だ。とうてい表しようのない錯綜した気持ちで、1980年5月のあの熱かった光州を思い浮かべる。

光州望月洞《マンウォルドン》に行くと、国立5・18民主墓地がある。墓地全体が戒厳軍によって犠牲になった民主市民たちを奉った場所だ。死んだ者と殺した者の両者に栄光をもたらすそんな国立墓地は存在できるのだろうか。東義《トンイ》大学事件(1989年、不正入試に触発された学内デモを鎮圧するために、無理に突入した警察隊員7人が火災で犠牲になった)に関連した学生らが民主化運動の功労者に認定されると、犠牲になった戦闘警察の家族らが「うちの子どもを国立墓地から掘り出

金五郎陸軍中佐の墓の前で(手前の男性が著者)

せってことなのか」と強く反発したこともある。

光州で犠牲になった戒厳軍の墓所からさほど離れていない場所に、金五郎《キムオラン》陸軍中佐（少佐で死亡したが後に追叙された）の墓所がある。金五郎中佐は1979年の全斗煥《チョンドゥファン》、盧泰愚一味が起こした12・12軍事クーデター当時、特殊戦司令官の秘書室長であった。全斗煥一味は、鄭柄宙《チョンビョンジュ》特殊戦司令官を連行するための部隊を送ったが、金五郎中佐はとんでもない下克上に抵抗した。この渦中で銃撃戦が行われ、金五郎中佐が犠牲になったのである。

当時、金五郎中佐を殺害した側が政権を取ったため、金五郎中佐の義侠心ある行動は地に埋もれてしまい、彼の妻は夫の名誉回復のために国家を相手に訴訟を準備していたところ謎の多い死を遂げてしまった。当時、警察は彼女の死を自殺と推定したが、遺族は他殺が疑われると主張している。一部の陸軍士官学校生は、原則を守って犠牲になった金五郎中佐を本物の軍人のシンボルとして称えているという。国民の税金で運営されている国立墓地は、金五郎中佐のような本物の軍人を称える空間にしなければならない。しかし、大韓民国の国立ソウル顕忠院には金五郎中佐と彼の死に責任のある者が一緒に眠っている。

戦争記念館、国立墓地は両方とも記憶したい死だけを記憶する。それは国家の報勲システムの中に包摂されてしまった以上、国立5・18墓地も例外ではないからだ。国立5・18墓地が位置しているのは望月洞で、ここはもともと望月洞共同墓地という場所だった。1980年5月、全斗煥一味は無惨な虐殺を行った後、その犠牲者らの遺体をゴミ収集車やリヤカーに載せて、ここに捨てるかのように埋葬して去ってしまった。光州を記憶するすべての人々は、全斗煥政権のものものしい警戒をくぐってこの場所を訪れ、望月洞墓地は自然に聖地になった。そして光州を記憶しようとする闘争で犠牲になった人々も、一人二人望月洞に安息の場を求めた。

ところが、いわゆる「墓地聖域化事業」が進められ「5・18功労者」だけが新しい墓域に移葬され、5月の犠牲者と闘士たちのそばで安息を求めようとした李韓烈《イハニョル》などの民主烈士は国立墓地（新墓域）に行けず、公園墓地（旧墓域）に残ったままになった。「5月光州」が「光州」でいられたのは、光州を記憶する人々が非常に多かったからである。しかし、空間的にはさほど離れていない旧墓域と新墓域の距離は、特定の死を称えることの複雑さと空虚さを同時に現している。

朝鮮戦争で犠牲になった無数の死から目をそらし、軍人の死のみを称える国立ソウル顕忠院。何千体の民間人虐殺犠牲者の遺骨が放置されてきた大邱《テグ》鯨山《キョンサン》のコバルト鉱山（朝鮮戦争の最中、思想統制のために保導《ポド》連盟の加盟者ら数千人が虐殺された事件）をはじめとする民間人の集団犠牲の埋葬地は、本来であれば全て国立墓地にしなければならない。一寸のずれもなく秩序整然に建っている墓碑を見ながら、私は顕忠院をなんとか訪ねてこられる、いまでは髪の毛が白くなった高齢の母たちを思い浮かべる。なぜ国家は戦争で死んだ若者らを母の懐に返すことができないのだろうか。死んでも軍服を脱ぐことができない若者を見て、私はむせぶのだ。

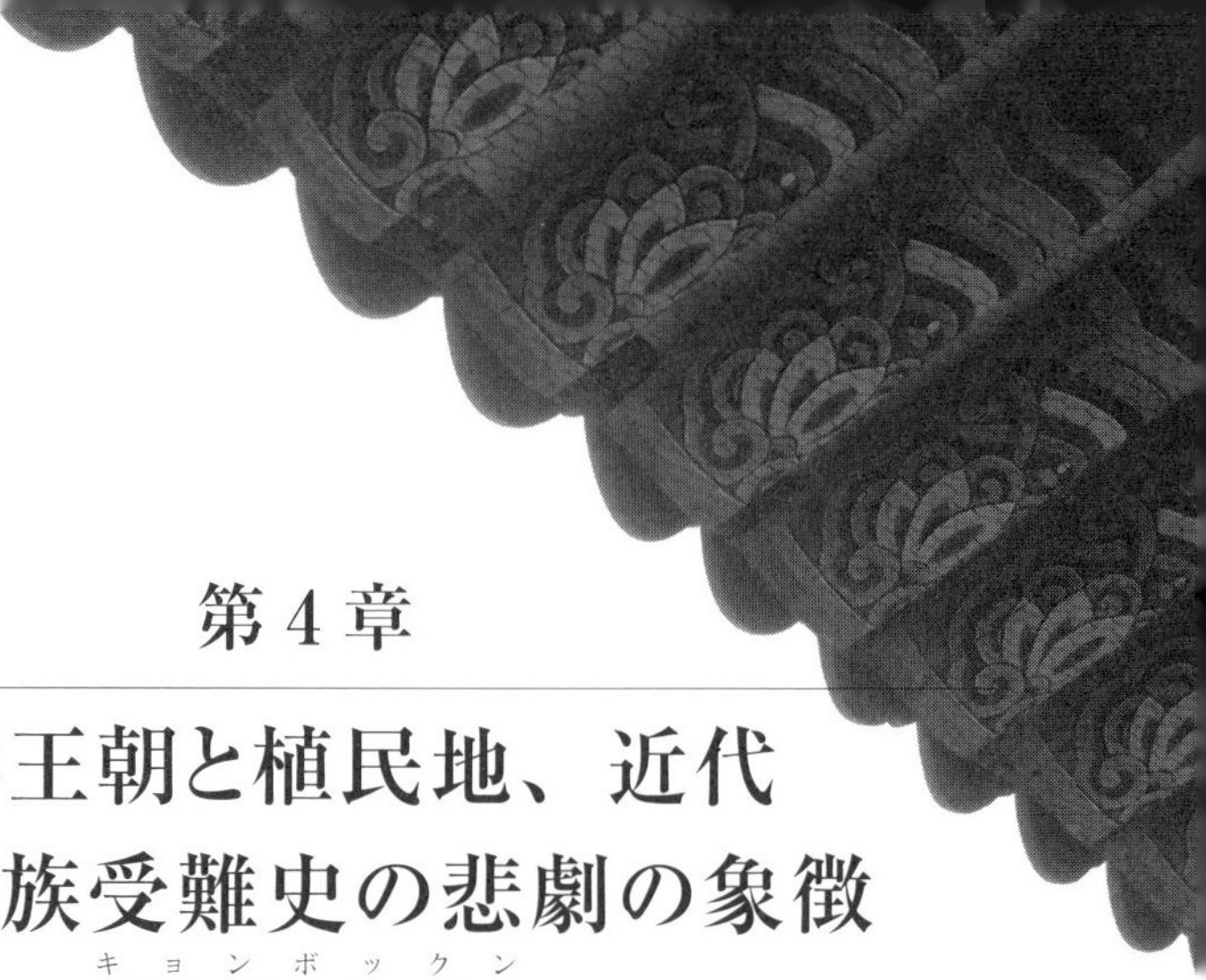

第4章

朝鮮王朝と植民地、近代
朝鮮民族受難史の悲劇の象徴
景福宮《キョンボックン》

ソウルに住んでいながら景福宮《キョンボックン》〔日本は朝鮮を統治する朝鮮総督府の建物をこの前に建てた〕に行ったことがない人はいないだろう。誰もが行く場所、でも自信たっぷりによく知っているとは断言できない場所が景福宮だ。景福宮は朝鮮王朝の正宮の宮殿だ。朝鮮時代には景福宮以外にも、昌徳宮《チャンドックン》、昌慶宮《チャンギョングン》、慶熙宮《キョンヒグン》、慶運宮《キョンウングン》（徳寿宮《トクスグン》）などの宮殿が多数あった。その数ある宮殿の中で最も歴史が古く基本となる宮殿が、まさに景福宮なのだ。

誰もが行く場所、でもよく知らない景福宮の話

漢陽《ハニャン》〔朝鮮時代のソウルの名前〕は、朝鮮の都になる前は「高麗の南京」と呼ばれており、その場所にはもともと高麗の離宮があったそうだ。北岳山《プガク》を主山とし、駱山《ナク》を左青龍、仁王山《イヌアン》を右白虎とし、南山《ナム》（木覓山《モンミョク》）を案山とする景福宮の卓越した立地が、高麗人の目にも止まったようだ。

初代太祖《テジョ》の李成桂《イソンゲ》は、朝鮮王朝を開いた後、都を開京《ケギョン》〔現在の開城《ケソン》〕から漢陽に移し景福宮を建てた。しかし太祖の後を継いだ2代目定宗《チョンジョン》は、1395年の大火で景福宮が焼けるや開京に遷都し、7年も経ってからようやく3代目太宗《テジョン》が漢陽に戻り正宮とした。定宗の開京遷都によって放ったらかしにされていた間、仁王山から勤政殿《クンジョンジョン》の前までトラが下りてきたほど、景福宮は荒廃していたという。これ以後、景福宮は4代目世宗《セジョン》の増築を経て朝鮮王朝の正宮となったのだった。

景福宮の全景。北岳山を風水上の主山（都邑の後ろにある山）とし、駱山を左青龍、仁王山を右白虎、南山を案山とする絶好の立地だ

景福宮の惨憺たる終末――乙未《ウルミ》事変（閔妃《ミンビ》暗殺事件）と露館播遷《ノグアンパチョン》

景福宮は1592年に壬辰《イムジン》倭乱〔文禄・慶長の役〕が勃発した後、大きな試練にさらされた。秀吉軍の侵略を受け、14代目宣祖《ソンジョ》と朝鮮の重臣は宮殿から逃げ出した。『宣祖修正実録』によると、宣祖一行は宮殿から逃げ出す際に、民が都城の外に逃げられないように四大門を固く閉じたという。このとき「都城のよこしまな民」が宮殿に火を放ち、金銀財宝を争って持ち去ったのだ。火の手が真っ先に上がったのは、宮殿内の掌隷院《チャンイエウォン》〔奴婢に関する業務を行う〕と光化門《クァンファムン》の前にあった刑曹《ヒョンジョ》〔司法、刑罰を管轄〕だったという。この二つの場所は、どちらも奴婢に関する文書を保管していた場所だ。朝鮮王朝の正宮が秀吉軍によってではなく、朝鮮の民によって略奪され燃やされた光景は、実に哀れである。

景福宮は民によって燃やされた後、なんと270年余りもの間ヨモギの生い茂る原っぱだった。都のど真ん中、その広い景福宮の跡地はキツネが飛び跳ねる場所になってしまっても、朝鮮王朝は景福宮を再建できなかったのだ。実際、景福宮は建設後、大小の火災や事故が絶えなかった上に、ついには焼け落ちてしまったので、景福宮の場所は風水上、吉とはいえないという主張が強く持ちあがり、宣祖は景福宮を再築するために用意した資材で代わりに昌徳宮《チャンドックン》を修理したそうだ。15代王の光海君《クァンヘグン》は、東側に昌徳宮と昌慶宮を修復し、西側には慶熙宮を修復したが、景福宮の再築は行わなかった。この後、18代目顕宗《ヒョンジョン》、19代目粛宗《スクチョン》、21代目英祖《ヨンジョ》らが景福宮の再築の意を表したことがあったが叶わず、26代目高宗《コジョン》が即位した後の1865年になって大院君《テウォングン》が再築するに至った。

王の生存する父親、興宣《フンソン》大院君の登場は朝鮮500年の歴史で初めての出来事だった。「大院君」という称号を受けた者は以前にも2人いた。宣祖の実父と25代目哲宗《チョルチョン》の実父が、それぞれ徳興《トックン》大院君、全渓《チョンゲ》大院君と死後に称号が与えられたことがあるが、この2人は死後に息子が王になったからであった。しかし興宣君李昰応《イハウン》は45歳で、12歳の息子命福《ミョンボク》が23代目純祖《スンジョ》の世子の翼宗《イクチョン》（即位せずに死亡）とその后、趙《チョ》氏の養子になり王位を継ぐと、生存する王の「実父」になったのだ。22代目正祖《チョンジョ》の死後60年余りも勢道政治（王から委任された者とその追従勢力が権力を掌握して行う政治）が続いたため、王権は弱体化し王室の権威は地に堕ちたのだが、大院君は景福宮の再建事業を通して王室の存在を知らしめ、王権の尊厳を誇示するために大工事を企てたのだ。

高宗が即位する前年の1862年には、全羅道《チョルラド》と慶尚道《キョンサンド》、忠清道《チュンチョンド》の三南地方で大々的な民乱が起きており、清ではアヘン戦争後の太平天国の乱が真っ盛りの時期で、朝鮮王朝は内外で非常に困難な立場にあった。それにもかかわらず大院君は、他の保守的な改革政策とともに景福宮の再建をゴリ押ししたのだった。大院君は創建当時よりもはるかに広い13万坪の敷地に、何と350余りの建物を建てた。大院君は景福宮再建に要する莫大な財源の確保のために、「願納銭《ウォンナプチョン》」という名目で都合760万両の寄付金を集めたのだ。

文字通り「進んで納付する金」が願納銭だが、大院君の勢力に押され望まぬ金を出さざるを得なかった両班《ヤンバン》は、恨みながら出したことから「怨納銭《ウォンナプチョン》（朝鮮語の発音は同じ）」と呼んだという。この願納銭だけでは財源が不足したので、都城の城門を出入りする人や牛馬車の荷に通過税を課し、当百銭〔実質価値の20倍の額面の貨幣〕を発行して、なんとか景福宮を再建することができた。ここまでして再建にこぎつけた景福宮だが、再建後たった30年しか使われることがなかった。

朝鮮王朝が滅びる15年前の1895年、一国の王妃が宮殿内で外国の無頼の輩により、無残に殺害される「乙未事変（閔妃殺害事件）」という前代未聞の事件が起きた。後に「明成皇后《ミョンソンファンフ》」との称号が与えられた王妃の閔氏はよく「閔妃」と呼ばれるが、ミュージカル『明成皇后』は閔妃をあまりにも美化している。しかし歴史学者の多くは閔妃に対して冷ややかであるか、否定的な評価を下している。しかし王妃閔氏に対する歴史的評価の如何にかかわらず、一国の王妃が宮殿で外国人に惨殺され、死体が焼かれることはあってはならないことだ。閔妃を頂点にした閔氏一族の勢道と腐敗を非難してやまなかった人でさえ、義兵として立ち上がったというのが当時の現実だった。この時高宗は、大日本帝国（以下、日帝）が掌握した景福宮で親日内閣の捕虜になっているような状態だったが、明成皇后の殺害6カ月後の1896年2月、高宗は景福宮を抜け出し、ロシア公使館に身を隠すことになった。これを歴史上「露館播遷《ノグァンパチョン》」という。

高宗はロシア公使館で1年以上過ごし、明成皇后が殺害された景福宮ではなく、外国公館に囲まれた徳寿宮に恥ずかしげもなく還宮し、ぎこちなく「大韓帝国」を宣布することとなった。高宗は世を去る1919年まで徳寿宮で過ごし、27代目純宗《スンジョン》は母親が殺害された景福宮の代わりに昌徳宮で過ごしたので、朝鮮王朝の正宮としての景福宮の運命は「乙未事変」と「露館播遷」という、絶対あってはならないことが起きたせいで、惨憺たる終末を迎えたのだった。

悲しむべきことは景福宮の運命だけだろうか。金日成《キムイルソン》ですら、滅び行く国とその民の惨憺たる運命をこう嘆いた。「一国の王妃が宮殿の中で外国のテロ集団の刃に倒れ、王たるや他国の公使館で1年も閉じ込められていたかと思えば、王の実父が外国に拉致されて行き流刑暮らしをしても、かえって謝罪をしなければならない状態だった。王宮を守るのも他国の軍隊任せで、この国は誰が守って面倒を見るというのか?」

主を失った景福宮の受難

当時の韓国人が、あふれる悲しみを歌ったアリランのように、畑はつぶして新しい道ができ、家は壊して停留所になり、ちょっと弁の立つ者は裁判所に連れて行かれ、仕事のできる者は賦役に駆り出される世の中で、主を失った宮殿が温存されるはずもない。

今でこそ景福宮復元事業などといってあれこれたくさんの殿閣を建てたが、1990年代までは、景福宮に残っている建物ときたら勤政殿、思政殿《サジョンジョン》、慶会楼《キョンフェル》、修政殿《スジョンジョン》、慈慶殿《チャギョンジョン》などに過ぎなかった。

最初に景福宮を建てるとき、鄭道伝《チョンドジョン》は「宮殿とは王が政治を摂る所であり、四方が見渡せる場所であり、臣民が皆進み出る場所なので、王道を荘厳に行って威厳を見せ、名を美しく付けて見たり聞いたりする者に感動を与えねばならない」と記した。

もともと宮殿は王の居住空間にとどまらず、多くの官庁が入っている王と官僚の執務空間である。歴史ドラマに登場する多くの女官や雑仕女、宦官や護衛など、宮殿内で寝起きする者の数は千をはるかに超えた。これらの人々が一カ所で寝泊まりしたはずはないので、景福宮は350余りの大小の建物がぎっしり建ち並ぶ空間だった。

そんな景福宮で日帝は王の寝所である康寧殿《カンニョンジョン》、王妃の寝所である交泰殿《キョテジョン》、世子の寝所である資善堂《チャソンダン》をはじめ数百の建物を取り壊し、一部の資材は昌徳宮の補修に使ったが、大部分は南山一帯の日本人高官の私邸を建てたり、または日本に運び、ホテルなどに朝鮮風の建物を建てたりすることに使ってしまった。

特に１９１５年、日帝の韓国強制併合5周年を記念する「施政5周年記念朝鮮物産共進会」という、一種の博覧会を景福宮で開催するという名目のもと、多くの建物を壊し、１９１６年には朝鮮総督府庁舎を着工すると同時に、光化門と勤政殿の間にあった興礼門《フンネムン》や付属の建物を撤去し、１９２６年に朝鮮総督府の庁舎が完工後、景福宮の正門である光化門が撤去、移転された。

現在、光化門の解体、移転作業の真最中だが〔２０１０年に再建〕、光化門が損なわれた形ででも残ったのは、柳宗悦《やなぎむねよし》という日本人の尽力が大きい。朝鮮総督府が光化門を完全に解体してしまおうとした時、柳は読売新聞に「失はれんとする一朝鮮建築のために」という論説を発表して、日本人の野蛮な文化破壊行為を糾弾したのだが、この文は東亜日報《トンアイルボ》に「ああ！　光化門」という題で韓国語に訳され報道された。柳はこう書いた。「光化門よ、光化門よ、お前の命はもう旦夕に迫ろうとしている。お前が嘗《かつ》てこの世にいたといふ記憶が、冷たい忘却の中に葬り去られようとしている。どうしたらいいのであるか。私は思い惑っている。酷い槌や無情な槌がお前の躯を少しずつ破戒し始める日はもう遠くないのだ。……お前を産んだお前の親しい民族は、今言葉を慎むことを命ぜられているのだ。それ故それらの人々に代はって、お前を愛し惜しんでいる者がこの世にあるといふ事を、生前のお前に知らせたいのだ。だから私はこの言葉を書いて公衆の前に出すのだ」。

ジャーナリストの薛義植《ソルウィシク》も「壊されて建てられる光化門」という文で、このように悲しみを吐き出した。「意識のない物体、しゃべらない建物だからと、崩し壊して引きずり移すからといって、反抗も回避も喜びも悲しがりもしない。ただ朝鮮の空と朝鮮の地を共にしてきた朝鮮の民が、彼を惜しみ忘れられないだけだ。長い間風雨を共に耐え、朝鮮の子孫が彼のために泣いたり、悲しんだりするだけだ。石工の槌がお前の胸を叩く時、お前は知ることはないかもしれないが、ガンガンという音を聞く人が胸を痛め、人夫の道具がお前の腰を叩く時、お前は苦しみを知らないかもしれないが、ズドンという音を聞く人の腰がくだけるのを、一体お前は知っているのか？」

朴正煕《パクチョンヒ》のデタラメ再建

このような紆余曲折を経て景福宮の東側に移された光化門は、1950年に起きた朝鮮戦争時に木造で再建された部分が、すべて燃えてしまった。光化門の別名は「午門」で南の門という意味だが、南門が東門である建春門《コンチュンムン》の塀に投げ捨てられてしまった。宮殿の正門が南門ということは王が南側を眺めているからだ。光化門だけでなく景福宮の建物のひとつひとつが、位置を決める際にそれなりの哲学的な意味を持っていたのだが、南門が東に行ってしまったことからもわかるように、宮殿の破壊は実に凄まじかったということだ。そりゃあ、王朝そのものが没落したのに、景福宮の正門の意味が捻じ曲げられたことを嘆いたとて仕方がないことだ。

1968年、朴正熙は景福宮を移転し再建した。しかしどうせ移転再建するなら元の位置にきちんと復元するべきなのに、すでに道路があるからと元の位置より10メートル余り後ろに再建し、良い木材を求めて木造部分を復元しなければならないのに、代わりにコンクリートでささっと作り、その上に色とりどりに丹青を塗ってしまった。その上、方向も勤政殿、思政殿などの南北の軸の代わりに、朝鮮総督府の向きに合わせて3・5度東にずれてしまった。これを復元と言えるだろうか？　朴正熙は決然と筆をとりハングルで「光化門」と書いた扁額を懸けた。

　朴正熙はあちこちで揮毫《きごう》を多く残しているが、実際彼の字はそれほど良筆とはいえない。それでも素晴らしい書道家を招いてそれなりに練習に励んだ後の、1970年代に書いた文字と比べてみると、初期の作である光化門の扁額は彼の文字の中でも一番下手くそな時期のものだ。現在進行中の復元工事が終わった後、光化門に大院君が再建した時の元来の扁額の文字を復元して懸けるか、

解体された光化門の断面。朴正熙は景福宮を再建するのに、木ではなくコンクリートでささっと作り、その上に色とりどりの丹青を塗った

朴正熙のものを懸けるかでもめているそうだが、当然これは本来の文字を懸けなければいけない。これは朴正熙が好きか嫌いかの問題ではない。文字を懸けなければならない場所が、それこそソウルの中心の光化門であり、朴正熙の書いた文字が下手だからである。

法の象徴、カイチ（獬豸）像と儒教の宮殿の中の仏教遺物

光化門の前にはカイチ像がある。韓国人は一般に「ヘテ」と呼ぶが、朝鮮時代には「ヘチ」と呼んでいた。カイチ像は復元工事以前、光化門にピッタリくっついていたが、本来は光化門から南に80メートル位離れた、現在の政府総合庁舎の正門辺りにあった。

俗説によると、カイチは火を治めるという。漢陽の祖山である冠岳山《クァナク》の火気が強く景福宮に火災が頻繁に起きるので、その火気をコントロールするために、カイチ像2体ひと組を光化門の前に置いたというのだ。

朝鮮の両班《ヤンバン》にとってカイチは、火をコントロールするよりも法の象徴だった。カイチにはいろいろな名前があるが、その中の一つが罪のあるなしをよく判断するということから、「識罪」といった。もともとカイチは現在のカイチ像の姿とは違って角が1本あり、人

景福宮の前にはカイチ（獬豸）像1対がある。獬豸は火を治めるという俗説があり、朝鮮時代では法の象徴であった

が争うのを見ると正しくない方の人を角で突いたという。朝鮮時代の監察機関である司憲府の官憲が被っていた冠をカイチ冠といったのは、罪を犯した者をカイチのように突き刺せという意味だったのだ。

光化門を過ぎて左側を見ると古宮博物館がある。現在は古宮博物館の北側に日本から返還された北関大捷碑（文禄・慶長の役の際、義勇兵が秀吉軍を撃退したことを記念した碑）のレプリカが立っているが、一時この辺りには塔や仏舎利塔、仏像などの仏教遺物があれこれ散らばっていた。よく知られているように朝鮮王朝は儒教国家だった。儒教国家の正宮の庭に仏教遺物とは！　あり得ないことだ。

このような奇怪なことがなにゆえ起きたのかといえば、日本が１９１５年に物産共進会を開催するときに、展示物として全国の寺から遺物を集めたからだ。しかし塔や仏舎利塔、仏像な

儒教の国であった朝鮮の正宮である景福宮の庭には、塔や仏舎利塔などの仏教遺跡が散らばっている。日帝が 1915 年に物産共進会を開催する際、目玉として全国各地の寺から遺物を集めたからだ

どは寺にとっては信仰の中心となる象徴たるものだ。塔や仏像のない寺は考えられないが、寺から塔や仏像を持って行ってしまったということは、寺もやはり破壊されたということになる。儒教国家の宮殿に置かれた仏教遺物は、儒教も仏教もすべて破壊されたということを象徴している。

朝鮮総督府の建物の撤去の意味

現在は興礼門や行閣が建っている広場になったが、1995年までここには朝鮮総督府の建物があった。独立50周年を迎え金泳三《キムヨンサム》政権が「歴史の立て直し」の一環として、国立中央博物館として使われていた朝鮮総督府の建物を、博物館の移転対策もしっかりせずに壊してしまった。朝鮮総督府の建物をめぐっては様々な論争があった。撤去を主張する側は日帝支配の象徴を除去することは、景福宮の風貌を元通りにするだけでなく、民族の精神を正しく示すことだと強調し、撤去反対側は汚辱の歴史も歴史であるといって、解放以後、米軍政と大韓民国の中央庁として使われたこの建物を保存してこそ、逆に民族教育に役に立つと主張した。

一方、絶対多数の文化人は撤去についての賛否にかかわらず、現実的にこの建物が国立中央博物館として使われている以上、博物館の移転計画をきちんと作った後で、建物の撤去が望ましいと強調した。しかし金泳三政権は自分の任期中に迎える光復50年の記念行事のハイライトに据えるために、朝鮮戦争の時にも何の対策も立てずに博物館の遺物を全部移したことがある、と言って解体してしまった。

韓国社会のいたる所に根深く散らばっている日帝の残滓はそのままにしておきながら、建物だけを撤去すれば横になっていた歴史がムックリと起き上がるとでもいうのだろうか。朝鮮総督府の建物は、撤去は撤去なりに、保存は保存なりにそれぞれ大事な意味を持っている。この建物を撤去するとしても、自分の任期中に大急ぎで撤去するのではなく、韓国の社会全般に蔓延している親日の残滓をえぐり出すプログラムと結びつけ、一番最後に撤去してはいけなかったのだろうか。あるいは朝鮮総督府の建物の撤去というイベントを、いつかソウルで開かれるであろう南北首脳会談のシンボルとして、残しておく余裕はなかったのだろうか。総督府の建物に遮られ、本来の姿を失った景福宮が本来の姿を取り戻すことは実にうれしいことだが、むなしく建物だけを壊しておいて、いまだにいたる所で動いている日帝の残滓を見ると、さらに

石が積まれているところが、かつて朝鮮総督府があった場所だ

やるせない気持ちを禁じ得なくなる。

かいがいしく民を治める場所、勤政殿

総督府の建物を壊し新たに復元した興礼門に入ると、永済橋《ヨンジェギョ》という小さな橋がある。永済橋の下を流れる小川は人工のもので、その名を禁川《クムチョン》という。中国の紫禁城にも「禁」の字が入っているように、宮殿というのはみだりに近づき侵してはならない場所だ。宮殿を建てるときには、このように小川を作って橋を架け、王の住む場所と外の世界を意識的に分離した。

風水地理説ではこの小川を「明堂水」と呼んで意味を与えているが、実用的な面ではこの小川は宮殿の防火用水の役割も持っている。すべての宮殿ではこのように水を引き込んで、禁泉とし橋を架けたので、宮殿ごとに禁泉があって当然なのだ。しかし景福宮の禁泉は少々特別で、民と近い距離にあったので積善洞《チョクソンドン》にある市場の名前は禁泉橋《クムチョンギョ》市場という。最近ではトッポギといえば新堂洞《シンダンドン》を指すが、1960年代はまだ新堂洞式の真っ赤なコチュジャントッポギよりも、禁泉橋市場のしょうゆトッポギのほうが有名だった。しかし〔ストレスで〕大変だった近代化により〔辛い食べ物を欲したため〕、テーブルの上のほとんどの食べ物が赤くなってしまった今日、禁泉橋市場でさえ昔ながらのしょうゆトッポギ売りのおばあさんはもういない。

永済橋には狻猊《さんげい》という想像の動物が彫刻されている。体はウロコに覆われ頭には先の割れた角が1本付いていて、禁泉の水を見下ろしている。狻猊は邪気を払うことを象徴する動物なので、水に

乗って邪悪なものがひょっとして入ってこないかと監視しているのだ。中国の紫禁城に置かれた動物の像を見ると、その表情や姿がたいへん猛々しいが、朝鮮の宮殿の動物像の姿は、その表情や姿勢が見る者の笑みを誘うのだ。

永済橋を渡っていくと勤政門《クンジョンムン》が現れる。光化門─興礼門─勤政門を通ってはじめて勤政殿が見えてくる。宮殿は「三門三朝」といって三つの門を通ることになっており、興礼門一帯の三朝の一つである「外朝《ウェジョ》」は、臣下の執務空間といえる官庁がある場所で、「治朝《チジョ》」は王の公式接見室である政殿《チョンジョン》と日常的な執務室の便殿《ピョンジョン》を含んだ空間であり、一番奥に位置していた「燕朝《ヨンジョ》」は王と王妃の寝殿などの生活空間になっていた。総督府の建物が撤去される前は、勤政殿に行くのに勤政門を通れなくて、東側の回廊の中間に臨時の門を作り窮屈な思いで出入りしなければならなかったが、光化門が復元すれば、光化門─興礼門─勤政門を通って堂々と勤政殿に行けるようになるだろう。

勤政殿に行くには三つの門を通らなければならないが、門それぞれはさらに三つの門で構成されている。真ん中の門は王と王妃だけが通る門だ。臣下は職分によって文官は右側の東門を、武官は左側の西門から出入りした。勤政殿は四方を行閣という回廊に囲まれている。行閣のまっすぐの柱が一列に並ぶ姿は、秩序とはこういうものかという考えが浮かぶほど実に美しい。東側の行閣の柱を見ると、真ん中の列と勤政殿に近い内側の列では礎石が違うことに気付く。真ん中の列の礎石は四角だが内側のものは丸く形作られている。その間を人が行き交う。

儒家では昔、「天円地方」といって天は丸く地は四角いと考えた。天と地の間を人が行き来するようにしてあるので、昔の匠は行閣一つを作るにも自然の道理をこのように活かそうとしたようだ。

ところが南側の行閣を見ると、礎石がすべて丸いのでこの考えが正しいのかどうか疑問だ。東側の行閣と南側の行閣が出会う角が、勤政殿の写真を一番美しく撮れる場所だ。テレビのニュースなどで勤政殿が映るときは、ほとんどがこの辺りから勤政殿の全体像が撮られている。

勤政殿の庭は薄石といって、花崗岩を荒く削った板石を敷き詰めている。花崗岩をなめらかに削らない理由は、光が反射してまぶしくなるのを防ぐためだそうだ。勤政殿一帯の庭の床はもちろん、階段、月台、欄干、石の彫刻のすべてが花崗岩で作られているが、日差しの明るい日にゴツゴツと削った花崗岩が醸し出す淡く柔らかい光は、ほかに例えようがないほど美しい。勤政殿の庭には品階石が置かれ、王が通る道の左右に東班（文班）と西班（武班）とに分かれている。

朝鮮のエリートを両班というが、これは東班と西班を合わせた呼び方だ。高麗時代には南側の行閣に並ぶ南班も合わせて三班といったが、南班は王の侍従、扈従、警備と王命の伝達、殿中の当直、朝会での儀衛などを受け持つ者を指した。天子の権限を遮るものがない中国では、天子の側近の宦官が大きな力を持ち、時には官僚組織を圧倒したが、王権が相対的に弱かった朝鮮では宦官や南班が大きな勢力になることはなかった。

品階石〔朝鮮時代の官職の階級で、正一品から従九品まで18階級あった〕は正一品から三品までは正と従を別に表示したが、四品から九品までは正四品、正五品のように正のみを表示した。品階石の近くには床に大きな鉄の輪がある。フィールドワークで学生にこれは何か知っているかと尋ねると、時代劇をあまり見ないのか、拷問の道具なのではという答えがしばしば返ってくる。この鉄の輪は拷問とは全く関係がなく、行事の際に用いる日除けを固定するためのもので、階段を上がれば月台からも見ることができる。月台とは、掌楽院《チャンアグォン》の楽士が公式行事の際に音楽を演奏する場所だ。

勤政殿に昇る階段を見ると、中央の王が通る部分には段がなく鳳凰一対が彫られている。これを踏道《タプト》といい、文字通り「踏む道」という意味なのだが、王はこの道を歩くのではなく輿に乗って行くのだ。勤政殿の建物の前には左右に香炉のような形の、足が三つの大きな金属の容器が置かれている。学生にあれは何だと思うか聞くと、ほとんどが香炉、またはゴミ箱だという答えが返ってくる。両者とも正解ではない。かつて宮殿で最も格式の高い行事の際にだけ使用したこの場所に、大きなゴミ箱を据えるなんてあり得ない。また香は死者を称えるために焚くものだが、元気に生きている王の前で、しかもあんなに大きな容器で香を焚くこともあり得ない。

この鉄製の容器は「鼎《かなえ》」と呼ばれるもので、例えば三国志などで、三国が鼎立《ていりつ》（三者が互いに対立すること）するという表現で使われる鼎立も、足が3本ある

勤政殿は朝鮮の国王が
公式行事を行っていた空間

鼎に由来している。聖典を見ると剣を打ち直して農機具を作ったとあるが、古代中国では戦争が終わり太平な世の中になると、兵器から釜を作ったというのだ。

中国の禹王の時に、天下九州の諸侯たちが鼎を作って禹王に献上し、これが代々中国の天子に伝えられた宝物と考えられた。王となった者の一番大きな任務は、民を食べさせることだという意味が込められている。鼎のある下の階段の左右には、「トゥム」という聞きなれない名前を持つ釜のような鋳物の瓶が置いてある。これは簡単に言うと防火用水を入れておく容器で、火魔が勤政殿を燃やそうと近寄ってきて、トゥムに映った自分の醜い姿に驚き、逃げていくようにと作ったものだそうだ。

最初に景福宮を建てた際、勤政殿は単層構造だったが、大院君が復元する際に複層構造にしたそうだ。国宝第223号の景福宮の正殿である勤政殿は、文字通り「かいがいしく民を治める場所」という意味を持っている。世宗、端宗、世祖、成宗、中宗などがすべてこの勤政殿で即位した。勤政殿は朝鮮の国王が思い切り威厳を正し、公式行事を執り行った場所のせいか、景福宮の中でも最も殿閣の規模が大きく、また華麗な場所だ。一つ興味深い点は、勤政殿の建物自体には壁がないことだ。柱だけがあって、柱と柱の間は戸や窓になっている。この戸や窓も外して上の方に固定できるようになっているので、外すと柱だけが残る。

勤政殿は外から見ると重層構造の建物だが、中から見ると大きな一つの空間だ。玉座の後ろには日月五岳図を描いた屏風が立てられている。日月五岳図は王を象徴する絵で、王が宮殿の外に行幸する際にはこの屏風を持っていき、王のいる場所で広げたという。五岳とは朝鮮伝来の土俗信仰である山神崇拝思想から出たもので、東岳（金剛山《クムガンサン》）、南岳（智異山《チリサン》）、西岳（妙香山《ミョヒャンサン》）、北岳（白頭山《ペクトゥサン》）、中岳（三角山《サムガクサン》）を指す。勤政殿の天井の中央には如意珠を持って遊ぶ黄龍が彫刻されているが、足の爪は7本ある。もともと朝鮮は諸侯国なので、足の爪が5本の五爪龍を彫らなければならないのだが、おそらく大院君が一大決心で七爪龍を彫らせたのではないだろうか。

勤政殿の北側の月台を回って裏側に行くと、思政殿と思政門が出てくる。思政殿は一般に便殿とも呼ばれ、王が普段ここで過ごしながら政務を行った公式執務室だ。思政殿の左右には万春殿《マンチュンジョン》と千秋殿《チョンチュジョン》が並んで位置している。現在は別個の建物に見えるが、昔は行閣でつながっていて王が靴を履き替えることなく行き来できたそうだ。

千秋殿は世宗大王が、集賢殿《チピョンジョン》の若い学者を呼んでしばしば討論をした場所だというので、訓民正音《フンミンジョンウム》（ハングル）創製の遠大な構想もこの場所で熟したのだろう。思政門につながる行閣は倉庫として使われ、千字文の文字に倣って1番の倉庫は天字庫、2番の倉庫は地字庫、3番の倉庫は玄字庫、4番の倉庫は黄字庫というように名付けた。王の執務室のすぐ前にある倉庫なので、一体どんな金銀財宝が納められていたのだろうか。実は、朝鮮はここに金銀財宝を蓄えなかった。代わりに、ここに本の〔印刷の元になる〕版を貯蔵したのだ。朝鮮という国が何を大事に思ったのかを端的に見せてくれる事例にほかならない。

燕山君が好んで訪れた慶会楼《キョンフェル》と王妃の寝所の交泰殿《キョテジョン》

勤政殿と並んで景福宮で一番有名な場所は慶会楼だ。宮殿に蓮の池を掘るのは景色のためだけではない。放火用水を蓄えるためでもある。慶会楼は重層の楼閣で、計48本の柱で支えられている。大院君が再建した現在の柱は、雄壮で何の飾りもなく大変素朴なものだが、朝鮮初期にはここに龍が彫ってあったので大変華麗だったそうだ。琉球（沖縄）の使節が朝鮮に来た際、一番に挙げた壮観がここ慶会楼の石柱の龍模様だったといわれる。

歴史上、この慶会楼を最も楽しんだ王は燕山君《ヨンサングン》だった。燕山君は蓮池の西側に万歳山〔人工の島〕を作り、山の上に神仙の世界を象徴するいくつかの建物を建てた後、妓生を3000人集めて宴会をしたそうだ。慶会楼の前には修政殿という40間の大きな建物が建っている。外から見ると勤政殿や慶会楼がもっと大きいように見えるが、朝鮮時代の伝統的な家屋

勤政殿と並び景福宮で最も有名な慶会楼

の大きさを測る単位、「間《けん》」〔約1・8メートル〕で見てみると、40間の修政殿がもっとも大きい。ここは世宗の時には集賢殿として使われた場所で、高宗の時代には甲午改革当時の中心機関である軍国機務処があった場所でもある。

思政殿の後方には康寧殿と交泰殿が配列されている。康寧殿は王の寝殿で、交泰殿は王妃の寝殿だ。この二つの建物は先の勤政殿や思政殿とは違い屋根に棟がない。宮殿で棟がない建物は寝殿など生活空間として使われる場所だ。康寧殿と交泰殿は王と王妃の寝殿なので、宮殿で最も奥まった場所にあり大事なスペースだ。しかし康寧殿と交泰殿は、1911年に昌徳宮が火災で消失すると、昌徳宮の熙政堂《ヒジョンダン》と大造殿《テジョジョン》を復元する資材として使うために、何ら問題のない建物なのに壊されてしまったのだ。その後再建されはしたが、時代的な味が感じられない。康寧殿は寝殿のみだが、交泰殿は王妃の寝

宝物第 811 号に指定された峨嵋山（アミサン）煙突

慈慶殿の花塀は宝物第 810 号に指定されている

慈慶殿の裏にある十長生模様を刻んだ美しい煙突

殿でもあり公式的な執務の場所である時御所《シオソ》があった場所でもある。王妃は単なる儀礼的な立場ではなく、宮殿の内命婦〔宮廷で働く女官〕の仕事を統括する役割があったので、公的な執務スペースが必要だったのだ。

交泰殿の裏に回ると裏庭である峨嵋山《アミ》が出てくる。峨嵋山はもともと中国山東省にある有名な山の名だが、慶会楼の池を掘った時に出た残土で人工の山を作り、その名を付けたのだ。名は山だが、狭い上に見晴らしがいいわけでもないので、最近のドラマに出てくる財閥の邸宅のよく手入れされた庭園に負けてしまうほどだ。これが朝鮮の国母である王妃に許された私的な空間なのだ。地位の高い人がウロウロしては皆に迷惑だし、かといって地位が高いので闇雲に狭い所に押し込めておくわけにもいかず、申し訳程度の空間を作ったのではなかろうか。三層になった石の段に、それでも四季折々の花が絶え間なく咲くように植えられている。しかしながらこの人口の山、峨嵋山を作った理由が実に面白い。

この峨嵋山は白岳（北岳山）に続いていて、その白岳は北漢山《プッカン》に続いていて、北漢山は漢北正脈《ハンブクチョンメク》〔楸哥嶺《チュガリョン》から漢江と臨津江《イムジンガン》の河口に至る山脈の昔の名前〕を通じて白頭大幹《ペクトゥテガン》〔朝鮮半島の南北に連なる山脈〕に続いている。祖宗の山、白頭山から白頭大幹が広がり下って北岳に至るのだが、その姿が龍のようであり、北岳山を遠くから眺めると龍の顔のように見える。その龍が木の枝をくわえているのだが、その枝がちょうど峨嵋山であり、その枝の先に咲いた花が王妃だというのだ。つまり何とでもこじつけられるということだ。

峨嵋山には宝物《ほうぶつ》〔日本の重要文化財に当たる〕811号に指定された美しい4本の煙突がある。慈慶殿《チャギョンジョン》の煙突とともに、この世で一番美しい煙突に数えられる。六角形のこの煙突の図柄の中に思いがけずコウモリを見ることができる。西洋的な考え方の影響でわれわれはコウモリを、哺乳類になったり鳥になったりするずるい動物と見たり、バンパイアの仲間の不吉な怪しい動物と考えがちだが、祖先はコウモリのことを、福をもたらす吉鳥と考えたのだ。

交泰殿を出て右側に回ると慈慶殿が出てくる。この慈慶殿は高宗の養母である趙大后の寝室があった場所だ。王妃の寝室の交泰殿には屋根の棟がないが、いまや子どもを産むことのない大后の寝室の屋根には棟がある。しかし女性の住む場所らしく、とても美しく装飾された花のような塀がすばらしい。この塀は宝物810号に指定されていて、赤い色の土台にレンガで花の図が描かれてあり、また漢字で「福」「康」「万」「寿」などの文字が彫られている。

慈慶殿の庭には少し前までかなり大きな木があったのだが、朝鮮時代には四面が塀に囲まれた場所に木があると「困る」という字になってしまうといって忌避したのだそうだ。日帝初期に刊行された『朝鮮古跡図譜』には木がないように記録されているが、その後誰かが植えたものを最近また抜いたようだ。慈慶殿の裏には十長生〔長寿を象徴する10種の動物や植物〕の模様を彫った煙突が壁のように立っている。世界でもっとも美しい煙突の壁だ。宮中の年長者としての大后の住居らしく、長寿を祈願する十長生の模様のほかに多産を願うブドウなどの模様が彫られている。

明成皇后が残酷な最期を遂げた乾清宮《コンチョングン》

慈慶殿を出ると民俗博物館が見える。仏国寺《ブルグクサ》の白雲橋、青雲橋、法柱寺《ポプチュサ》の捌相殿《ピョルサンジョン》、華厳寺《ファオムサ》の覚皇殿《カックァンギョ》など、韓国を代表する建築物の模型5種をくっつけたもので、朴正煕の指示によるものだそうだ。クレオパトラの鼻とエリザベス・テーラーの目と、誰かの唇などなど、合わせてみれば絶世の美女になるのではなく変な顔になるのと同じように、韓国の代表建築物を一カ所に集めたため、不調和と不協和音を生み出した。いくら大統領の指示だとしても、建築家がやめさせるつもりはなかったのかと尋ねると、朴正

高宗が池を掘って東屋を建てた香遠亭

煕が代表的なもの10種を合体させるように言ったのを、止めて止めて5種にまで減らしたのだそうだ。

景福宮のさらに奥に入ると１８７３年に高宗が清国風に増築した区域が出てくる。高宗はここに蓮池を掘り、「香遠亭《ヒャンウォンジョン》」という名の2階建ての韓国風建築の東屋を建てた。香遠亭という名は中国の宗の国の周敦が書いた『愛蓮説』という文中に、「香遠溢清」という文があり、香りが遠ざかるほどに清くなるというところから名付けたそうだが、蓮池にはそれほど多くの蓮はない。１８８７年、この蓮池の辺りで高宗は宴を開き韓国最初の電灯を付けたそうだ。

この蓮池の北西側の隅には「洌上真源《ヨルサンチヌォン》」と書かれた文字がある。漢江《ハンガン》の昔の名前は洌水《ヨルス》だったので、少なくとも観念上は漢江の水源はここであるという意味になる。洌上真源の泉の水が香遠亭の方に流れ込んでいるのだが、ここにも

昔の人の並々ならぬ工夫を見ることになる。泉の水が直接池に注がず、小さな水槽から半周回って狭い水路に沿って蓮池に注いでいるのだ。これは風水上、西側から流れ出て東側から注ぐという明堂水の概念を導入したものだが、冷たい水が直接蓮池に流れ込んだのでは、底に沈んでしまって水質改善にあまり役に立たないので、若干水温を上げて蓮池全体に平均して広がるようにして、水質を維持しようとしたのだ。

新たに再建された乾清宮は、まさしく明成皇后閔妃が日本人によって残酷な最後を遂げた場所だ。日帝は大韓帝国を武力で強制的に併合した後、直ちに自分たちの犯行現場である乾清宮を壊し、跡地に物産奨励館という建物を建てた。この建物は解放後、国立現代美術館になって毎年国展が開かれ、さらに、民俗博物館としても使われた。その後、景福宮再建計画に従って撤去され、再び復元された。乾清宮は他のどの建

2006 年に以前の姿に復元された乾清宮。明成皇后閔氏が日本人によって無残な最後を遂げた場所

物とも違い丹清を塗らず、昔に建てられた上質の韓国式建物の姿をしており、宮殿というよりは両班の住居という雰囲気がする。

乾清宮の場所から西側には高宗の書斎だった集玉斎《チボクチェ》があるが、最近になってはじめて一般に公開された。ここには5・16軍事クーデター以後軍部隊が駐屯してきたが、1979年に発生した12・12粛軍クーデター当時、全斗煥一味が集まる場所としてここを第30警備団とした。維新時代には車智澈《チャジチョル》がここに実力者を集め、閲兵式と国旗掲揚式をして威勢を誇った場所でもある。集玉斎は伝統的な韓国式の建物ではなく清国風の建物で、高宗の異国趣味を垣間見ることができる。

景福宮は朝鮮時代の正宮であるが、近代の辛い歴史を逆に感じさせる場所だ。200年余りもの間、朝鮮の正宮であった場所は、270年もの間、キツネが遊ぶヨモギの原っぱだった。大院君が一大決心をして景福宮を再建したが、朝鮮の国運も、滅びゆく国の王室の運命も、これより残酷なものはなかった。外国の侵略も、王室内の嫁舅の争いも絶えることがなかった。景福宮を再建して30年も経たないうちに、一国の王妃が外国の刺客により宮殿内で惨殺され、身辺の危険を感じた王は宮殿を捨てて外国の領事館に避難した。高宗は「王」から「皇帝」を称するようになり帝国の宣布をしたが、ついに景福宮に戻らなかった。主を失った王宮は無惨に荒廃が進み、朝鮮総督府を撤去した後は、あちらこちらで復元事業が盛んに行われた。しかし傷ついた歴史を治癒できないまま、ただ古建築業者の懐を温めているだけではないだろうか。

第5章

歴史的現場は今日を映す鏡になった
独立公園《トンニプコンウォン》と
西大門《ソデムン》刑務所歴史館

今は韓国の人々が中国に行くには、ほとんどが仁川《インチョン》国際空港から飛行機を利用し、船の場合は仁川埠頭から大連行きのフェリーなどを利用するが、朝鮮時代には陸路を使った。漢陽《ハニャン》から中国に行くには、西大門《ソデムン》を通り、母岳峠《ムアク》を超えて義州《ウィジュ》に行かなければならなかった。中国から使節が来るときも同様だ。中国の諸侯国だった朝鮮は、義州まで現在の次官クラスである二品の高位官僚を遠接使として出向かせ、使節が母岳峠を越えて西大門辺りに到着すると、王が自ら使節を出迎えた。この時に使節を迎えた場所を「慕華館《モファグァン》」といい、「中国を慕う」という意味が込められている。慕華館の前の大路には迎恩門《ヨンウンムン》が立っていたが、「皇帝の恩を迎える」という意味だ。この迎恩門の場所に1897年、独立協会が独立門を建てた。清が強い時に建てたならもっと良かったのだが、清が日清戦争で負けた後に迎恩門を壊し、その場所にフランスの凱旋門の形を真似た独立門を建てた。

数奇な運命の独立門

独立公園と西大門刑務所歴史館の踏査をする際には、私は独立門に学生を集め、彼らに独立門を注意深く見ながら一周するように言う。あまり注意力がない学生は裏表全く同じだというが、学生の大部分は独立門の文字が一方は漢字で、もう一方はハングルで書かれているという事実にすぐさま気付く。中国の使節が来る道は、弘済洞《ホンジェドン》から見ると漢字で、西大門の方から見るとハングルで書かれてある。この字を誰が書いたかをめぐって、一時論争があった。ユン・ドカン氏が書いた『李完用評伝《イワニョン》』では東亜日報《トンアイルボ》の記事などを根拠に、独立門の扁額を李完用が書いたと主張した。李

ハングルで書かれた独立門の扁額

完用は親日売国奴のトップに挙げられる人物だが、独立協会当時は改革官僚としてそれなりに独立協会の委員長を務めた。

1896年11月、独立門の起工式の時、李完用は「独立すれば米国のように豊かで強い国になるだろう。朝鮮の人民が心を一つにできずに互いに陥れようとするなら、ヨーロッパにあるポーランドのようにズタズタにされ、他国の下僕になってしまうだろう」と演説したことがある。今でこそ李完用の文字は高く評価されないが、当時は当代の名筆としても知られていた。独立協会の委員長であり当代の名筆だったので、当然彼が書いたのではと推測されたようだが、私は太く力強い独立門の字体は細くきれいな李完用の字体とは全く違うと考える。

独立門の扁額は李完用が書いたのではなく、3・1独立運動直後に中国に亡命した金嘉鎮《キムガジン》が書いたものに違いない。金嘉鎮は独立協会の委員として、またやはり当代の名筆として名声を博し、大韓協会の会長を務めた。大韓帝国の農工商大臣だった彼は、日帝が韓国を強制的に併合した後に男爵の爵位を受けたが、3・1運動直後に高宗の次男の義親王李堈《イガン》を中国に亡命させようとした。不幸にも義親王は中国の安東〔丹東の旧名〕で日本の警察に見つけられ韓国に護送されたが、金嘉鎮は上海に亡命し、後にその地で死亡した。金嘉鎮は大韓帝国時代の末に秘苑《ピウォン》〔昌徳宮《チャンドックン》にある庭園〕を再建する際に宮殿内の懸板を書いたが、独立門の扁額の文字はパッと見ただけでも太く力強い金嘉鎮の文字なので間違いない。彼の家族にも独立門の文字は金嘉鎮が書いたという話が伝わっている。

元来、門は道の上に立っていて然るべきだ。しかし今、独立門は道から外れている。あまりにもめまぐるしく進んだ韓国の近代化や都市化のせいで、本来の場所を失ったものは少なくないが、独立門もやはり数奇な運命をたどり、もともとの場所である道の真ん中から70メートルほど移されて立っている。独立門のあった場所には高架道路が走っている。この高架道路は社稷《サジク》トンネルと金華《クムァ》トンネルを結ぶ道路なのだが、この道路が竣工されたのは１９７９年、つまり朴正熙《パクチョンヒ》が死んだ年だ。１９７５年に南ベトナム政権が崩壊するなど、国際情勢が緊迫する中で、朴正熙は最悪の事態〔朝鮮半島での衝突〕に備える必要を感じた。彼は青瓦台《チョンワデ》〔大統領府〕から金浦《キムポ》空港まで、最短時間で走れる道を作ろうと思った。そのため青瓦台―金華トンネル―城山《ソンサン》大橋―金浦空港を結ぶ道を貫通したのだ。このため高架道路が独立門の頭上を通ることになり、非常に見た目も悪いので本来の位置から移動させたのだ。しかし実際には、青瓦台と目と鼻の距離の宮井洞《クムジョンドン》の中央情報部の隠れ家で朴正熙は最側近の金載圭《キムジェギュ》に射殺された。人の運命も数奇で、文化財の運命もまたこの上なく数奇だ。

歴史の流れと異なった独立運動家たち

独立門を後にして西大門刑務所に向かって何歩か進むと、手に何かをつかんでいる男性の銅像が立っている。独立新聞の創刊者として名高い徐載弼《ソジェピル》〔１８６４～１９５１年、独立運動家〕の銅像で、彼が手に握っているのが独立新聞だ。いまでこそすべての新聞がハングルだけで書かれているが、わずか20数年前にハンギョレ新聞が、初めて横書き、ハングルのみの新聞を出した時、多くの知識人は何ともアマチュアの作る大学新聞のようだとあざ笑ったものだ。しかし独立新聞は今から110年以上も前に果敢にハングルのみで新聞を出したのだ。その時ハングルだけの新聞発行に深く関わったのが周時経《チュシギョン》〔1876〜1914年、韓国語学者〕であり、独立新聞の果敢な実験は、ハングルの歴史で世宗《セジョン》のハングル創製以後、最大の事件といっても過言ではない。

徐載弼はまさにこの独立新聞の社主だった。独立新聞は、実は朝鮮政府が金を出して作った新聞だが、徐載弼、いや米国市民のフィリップ・ジェイソンはこの新聞を自分個人の名義で登記した。よく知られていることだが、徐載弼は甲申政変〔1884年に金玉均《キムオッキュン》ら開化派が独立と近代化を目指して起こしたクーデター〕の中心人物の一人だ。

甲申政変が三日天下で終わったあ

徐載弼が握っているのが独立新聞

と、徐載弼は米国に亡命した。そこで高校を卒業し医大に入り医者になった。甲申政変が失敗し、その主導者たちの一族は文字通り滅門の災いに会い、金玉均、朴泳孝《パクヨンヒョ》、徐光範《ソグァンボム》、徐載弼などの一門は代々決めて使う名前の文字も、例えば徐光範の「光」を使う代は「丙」に、徐載弼の「載」を使う代は「廷」に変えるほどだった。そうするうちに10年余りが経ち、甲申政変の主導者たちに対する反逆罪が許され、朴泳孝や兪吉濬《ユギルチュン》など、かつての同志が政権を掌握するや徐載弼も久方ぶりの帰国を模索した。

甲申政変当時わずか20歳の若さで兵曹参判〔朝鮮時代の官職の一つ〕に一躍任命された徐載弼が、米国人になって帰国した。彼は高宗《コジョン》に拝謁する場でも、自分は外臣だと称し、朝鮮人ではなく米国の市民であると明らかにした。彼は高宗の前で手を後ろに組み、タバコを吸い、メガネをかけた。彼は民主国家の国家元首と市民の間の平等を示したかったのかもしれないが、この行動のせいで彼が、いや、新聞を導入しようとした朝鮮の開化勢力が払った代償はあまりにも高く付いた。人々は徐載弼の態度を民主主義の原則的な問題ではなく、マナーの問題ととらえた。特に徐載弼は米国での経験を前面に押し出し、朝鮮の元老たちを無視することが多かったので、問題はさらに大きくなった。徐載弼は完全に米国市民になり、ニンニクとキムチを食べる朝鮮人を軽蔑するなど、朝鮮人としてのアイデンティティをすべて捨て去り、徹頭徹尾米国の個人主義を信奉するようになっていた。

独立新聞を創刊したのは徐載弼だが、学界では徐載弼と独立新聞を区別して見なければならないという意見も多い。独立新聞は1種類の新聞ではなく、ハングル版と英語版、2種類の違う新聞だった。ハングル版は自主独立の性格が見られるが、英語版は帝国主義一般に対する反対ではなく、ロシアに対する反対に凝り固まっていた。最初、徐載弼に独立新聞を許可した朝鮮政府内でも、親露派が力を得ると徐載弼の立場は弱いものになってしまった。

徐載弼は政府の圧迫と干渉が強まると、独立新聞がほとんど全面的に政府の出資で設立されたにもかかわらず、この新聞が自分名義で登記されているという理由で日本に売り渡すことにした。しかし価格が折り合わなかったために日本への売却に失敗すると、徐載弼は独立新聞を朝鮮政府に売り渡して、自分は総理大臣並みの月給の10年分を受け取ると米国に帰っていった。徐載弼に対する評価は見る角度によって非常に異なると言わざるを得ないが、独立新聞が韓国の近代化に及ぼした影響だけは、誰も低い評価を下すことはできないだろう。

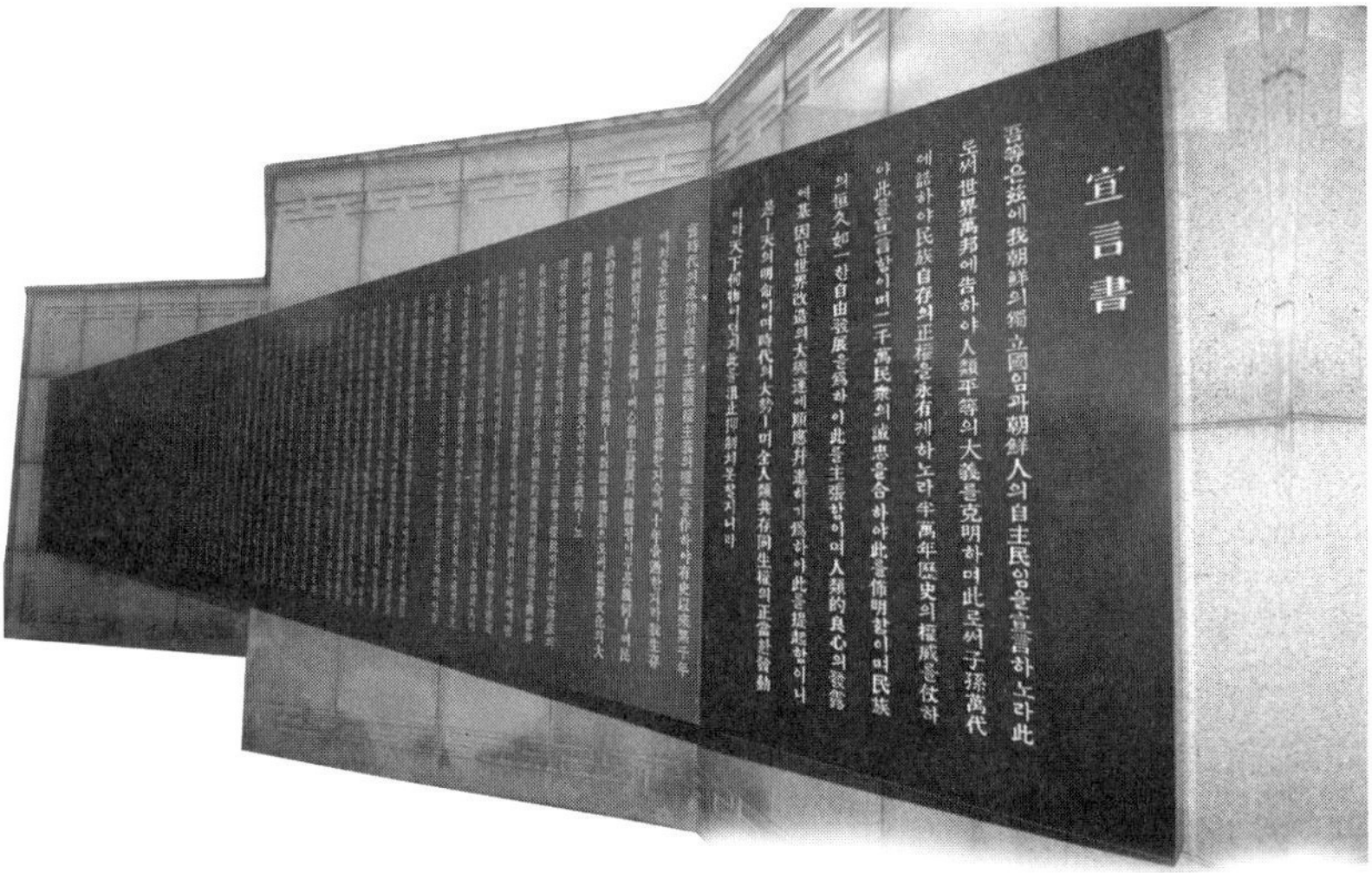

3・1独立宣言文

徐載弼の銅像から何十メートルか上がっていくと、大きくて黒い石に彫られた3・1独立宣言文がある。西大門刑務所が移転する際にその敷地の大部分を独立公園にし、そこはあまり歴史的に深い関連がない独立宣言文を彫ったものを置いたのだ。あえて関連付けるならこの宣言に署名した33名中、多数が西大門刑務所で過ごしたという程度だ。独立宣言文を起草したのは崔南善《チェナムソン》〔1890~1957年。作家、歴史学者〕だった。独立協会の委員長が李完用で、主要幹部の大部分が後に親日派になったように、独立宣言文を起草した崔南善も、この文言に署名したいわゆる民族代表の33名の中にも、晩節を汚した者は少なくなかった。朝鮮の独立運動は発展し続けてきたが、独立運動に足を踏み入れたすべての人が、滔々と流れる歴史の流れとともに過ごせたわけではない。

独立公園の中に場所を占める大きな瓦の建物は、「独立館」とハングルで書かれた扁額が掲げられている。本来は慕華館で、現在の位置から東南方向に約350メートル離れた所にあったという。独立協会が設立されるとともに慕華館を独立館として使っていたが、その後日帝が撤去したものを、独立公園を造成

日帝が撤去した独立館は、独立公園を造る際に現在の位置に復元され、殉国した烈士の位牌の奉安と展示に利用されている

する際に現在の位置に復元し、殉国先烈〔国のために命を捧げた烈士〕の位牌の奉安と展示室に利用している。２００６年、ソウル市や女性省、そして日本軍「慰安婦」問題の解決のために努力してきた市民団体は、「戦争と女性人権博物館」の建設地を西大門刑務所公園内の売店の位置に確定した。しかし光復会をはじめ民族運動関連団体が、「殉国先烈」の魂を祀る聖的な場所に、日本軍「慰安婦」問題を主なテーマにする「戦争と女性人権博物館」を建てることは、「我が民族が積極的な抗日闘争よりも日帝による受難のみ被った民族」という「歪曲された歴史認識」を若い世代に植え付ける心配があるという、理由にならない理由で反対したので、事業が進捗できずにいる〔戦争と女性人権博物館」は２０１２年、ソウル市麻浦区にオープンした〕。受難を被った同胞がいなければ「殉国先烈」は何のために異国での貧しい生活に耐えながら、独立運動をしたのだろうか？　受難を被る同胞と共にあるとき、独立運動は発展したし、同胞から離れて運動家が自分たちだけで気炎を上げたとて、独立運動は衰退の途をたどるしかなかっただろう。

日本の植民地時代、「ちょっと弁の立つやつは」すべて監獄に

上記のようなほろ苦い気持ちで西大門刑務所の前に行ってみる。まず高い監視塔が目に入ってくる。監視塔！　龍山《ヨンサン》の惨事〔２００９年にソウル市龍山区の再開発をめぐり、立てこもっていた立ち退き住民と警察が対峙していたところ、火災が発生し、30人の死傷者が出た〕のせいで急に私たちになじみができた言葉、監視塔。無力な人が監視塔に上る。強き者がたやすく近寄れないように……。だ

が西大門刑務所の監視塔は意味が違う。「法を犯した者」を閉じ込めておいて、彼らがどんなことをするのか一挙手一投足を監視するのが監視塔だ。

朝鮮時代にももちろん監獄はあった。現在の永豊文庫《ヨンプンムンゴ》〔書店の名〕近くの瑞麟坊《ソリンバン》に典獄署〔朝鮮時代、囚人を管掌していた役所〕の監獄があった。しかし近代以前には、体の自由を拘束する「自由刑」という刑罰の概念が成立していなかった。そのため今日の懲役刑に該当する刑罰はなかったといっても過言ではない。要するに現代の留置所や拘置所のように、捜査や裁判の手続きを踏んだ被疑者を閉じ込めておく場所が前近代の監獄だ。

1908年に京城《キョンソン》監獄という名で建てられた西大門刑務所は、かつての典獄署とは比較にならない規模だ。大韓帝国をほぼ手中に収めた日帝は、歯向かう義兵を弾圧するために西大門刑務所を作った。初期の西大門刑務所を埋めた人は、大体が義兵に加担したか、大小の反日運動を行った志士だった。

実際に1908年の全国の収監者数は2000人余りで、急激に増えた。翌年には6000人を超え、1918年には1万1000人、3・1運動が起きた1919年は1万5000人を超した。光復軍のアリランの歌詞のように、「ちょっと弁の立つやつは監獄に行く」という時代が始まったのだ。日帝はこのように急増する収監者を収容するために、京城監獄を皮切りに全国に毎年新しい刑務所を建設した。

西大門刑務所が建った場所は、ひょっとすると朝鮮王朝の都になったかもしれない場所だ。今でこそ景福宮も、往十里《ワンシムニ》も、母岳峠も、新村《シンチョン》もみんなソウルの中心に位置するが、600年前の地理的な感覚では全く違う村々なのだ。伝説によると無学大師《ムハクテサ》が朝鮮王朝の新しい都を探し回った際に、この場所が金鶏抱卵型〔金の鶏が卵を抱く形は風水地理的に縁起の良い場所とされている〕の素晴らしい土地なのでここに都を作りたかったのだが、「3000人の男やもめが嘆く様子」が脳裏に浮かび、この地を諦めたといわれる。無学大師は、600年後にここが監獄になることを予測できたのだろうか？　しかしその時、無学大師がここを都に定めていれば、西大門刑務所はなかったことになる。いくら日帝でも宮殿を壊してまで刑務所は建てなかっただろうから。

西大門刑務所の監視塔は1923年に建てられたもので、当時はそこが正門だったが、後に拘禁施設の規模が拡大したために独立公園を含む現在の大通りまでが、すべてソウル拘置所の領域になった。現在は入場券売り場になっている監視塔の脇のくぐり戸を入ると、左側に正体不明の櫓《やぐら》が出てくる。ここは女性収監者を閉じ込めておいた女舎があった場所で、柳寛順《ユグァンスン》〔1902～20年。独立運動家〕が殉国した地下監獄もここに復元されている。

日帝は1916年に女舎を新築した後、1934年に獄舎を改修する際に地下監獄を埋めたが、1992年に独立公園を造成する際

柳寛順が殉国した地下監獄が復元されている

2階建ての監房の廊下

に発掘、復元した。しかしこの女舎の上に建てられた櫓《やぐら》が、一体何という形式なのかが不明だ。韓国の伝統的な様式ではないし、日本的な感じが強いのだが、誰がどんな理由でこんな似合わない建物を建てたのか、何の説明もない。

西大門刑務所歴史館の致命的な欠陥

義兵たちを捕まえて閉じ込めておくために、1908年に初めてその門を開けた京城監獄は、その後、西大門監獄、西大門刑務所、京城刑務所、ソウル刑務所、ソウル矯導所、ソウル拘置所などと名称を変えながら、1987年11月にソウル拘置所が義王《ウィワン》に移転するまでの約80年間、韓国を代表する拘禁施設として機能してきた。その後、一帯に西大門独立公園が1992年に造成され、1998年には西大門刑務所歴史館がオープンし多くの見学者が訪れている。歴史館は昔の保安課庁舎の建物をリフォームしたもので、1階の「追悼の場」には映写室、企画展示室、案内室が、2階「歴史の場」には民族抵抗室、刑務所歴史室、獄中生活室、地下1階の「体験の場」には臨時拘禁室と拷問室などが作られている。

西大門刑務所歴史館は交通の便が良く、昔の建物をそのまま展示室に活用しているので、小さな子どもにも比較的たやすく歴史的な意味が感じられ、多くの見学者が訪ねる場所だ。展示の内容も一つひとつを取り上げて見てみると、比較的忠実に歴史的事実をよく説明している。しかしこの場所が素晴らしい現場学習の場になるには、いくつか致命的な欠陥がある。

最初の欠陥は、この場所がなぜ日本帝国主義が悪いのかを、学生自らが感じるというよりも、盲目的な反日感情を育てることに留まっている点だ。もちろん西大門刑務所歴史館が日帝統治の残酷性を告発しているのは、韓国の雰囲気からして当然だ。西大門監獄を経験した愛国者は、約4万人おり、また李康秊《イガンニョン》、許蔿《ホウィ》、李麟栄《イイニョン》などの義兵長や姜宇奎《カンウギュ》、宗学先《ソンハクソン》などの義烈闘士ら、柳寛順など3・1独立運動の先鋒に立った闘士たち、金東山《キムドンサン》などの独立軍指導者たち全400人余りがこの場所で獄死または処刑されたのだから、日帝統治の残酷さを告発するには西大門刑務所よりふさわしい場所はないだろう。

　しかし、日帝の行った拷問の見せ方は、あまりにも問題が多い。今は地下の拷問室の壁を塗り直したので落書きがほぼ見えな

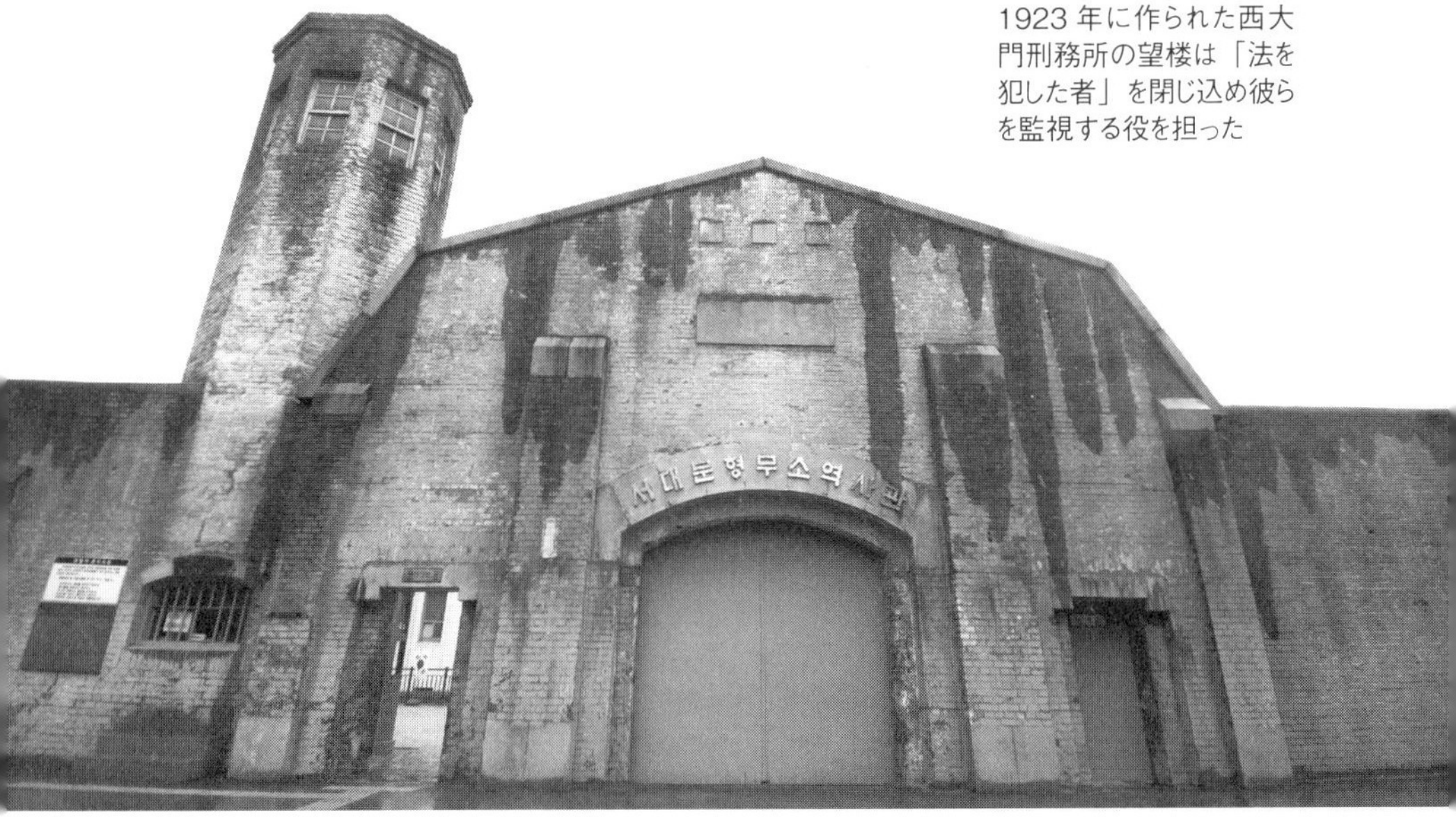

1923年に作られた西大門刑務所の望楼は「法を犯した者」を閉じ込め彼らを監視する役を担った

いが、以前には小学生や中学生の見学者が書いた、日本に対する下品な悪口がこれでもかと書かれていた。特に独島《トクト》〔竹島〕問題や歴史問題で日本の政治家の暴言があった日には、ぎっしり書かれた落書きの横にさらに過激な落書きが新たに追加されていった。もちろん残忍な拷問を行った日本帝国主義は悪い。民族解放運動史を専攻した私としては、日帝をかばう考えは毛頭ない。しかし育ちゆく学生が拷問の場面を見た後にもつ感情は、民族感情に依存した狭小な反日感情ではなく、普遍的な人権を尊重するものにならないといけないのではないだろうか？　学生たちが書いた落書きを見る限り、反日感情は溢れているが反拷問の人権意識を見出すのは難しい。

西大門刑務所歴史館当局は最近、かつて工場として使われていた工作舎の建物をリフォームして体験館を作ったのだが、ここでは爪はがしの拷問、箱詰めの拷問、電気の拷問などが体験できるようにした。保安課の建物の地下の拷問室と工作舎の建物など、西大門刑務所歴史館は2階分のスペースを使って日帝が行った拷問を告発している。しかし西大門刑務所歴史館の拷問に関する展示は、何の説明もなしに拷問の場面ばかりを見せていて、誰がどんな人をなぜ拷問したのか、拷問された人はどんな苦痛や傷を抱いて生きていくことになり、さらに非常に稀だがどう拷問に立ち向かって戦ったのかを見せはしない。

拷問の被害者の声を聞くことのできない拷問の展示は「猟奇」以外の何物でもない。西大門刑務所歴史館が本当に拷問問題に取り組みたいのなら、興味本位ではない、偏狭な反日感情に頼るのでもない、拷問に対し原則的な反対の立場に立つ、日帝の植民地時代だけでなく解放後までも網羅する「反拷問人権博物館」作りをしなければならない。

西大門刑務所歴史館の展示が持つもう一つの欠陥は、歴史が1945年で止まってしまっている点だ。ここは韓国社会が民主化の最初の歩みを始めた1987年まで、韓国の代表的な刑務所として機能していた。特にソウル地方検察庁と最高検察庁、そして最高裁判所とソウル高等裁判所の所在地に近いので、韓国の現代史の主要収監者すべてが西大門を経ていったともいえる。進歩党事件の曺奉岩《チョボンアム》（121ページ参照）、民族日報事件の趙鏞寿《チョヨンス》、そして人民革命党再建委員会事件の冤罪で処刑された8名、朴正熙を射殺した金載圭《キムジェギュ》とその部下をはじめ多くの死刑囚もここで処刑された。

保安課の建物のうら寂しい地下室に展示された各種の拷問道具と拷問方法は、わずか10年余り前までこの地に「拷問技術者」というありえない職業に従事する者によって、さらに巧みで悪辣な方法に「進化」を遂げた。日本の植民地時代には懲役は長くとも17～18年を超えなかったし、世界でも有名な長期囚のネルソン・マンデラも、監獄で暮らしたのは「たった」27年だった。しかし、大韓民国の非転向長期囚の中には、最高45年もの懲役暮らしをした人もいる。

ある意味大韓民国の監獄は、日帝の監獄よりもさらに辛い場所だったかもしれない。詩人の金南柱《キムナムジュ》が「ああ、そうだったのか／ロー

拷問体験館

死刑場の模型

マを略奪した民族も／略奪に抵抗した人を監獄に放り込みはしたが／ペンと紙を奪いはしなかっただから／ボエティウスのような人が監獄で／『哲学の慰め』を書けたのか」と書いたように、どんなに辛くてこのようなため息をついただろうか。

真っ暗な中世の暗黒期でも監獄は火が灯されており、マルコ・ポーロは『東方見聞録』を表し、セルバンテスは『ドン・キホーテ』を書いた。専制君主ツァーリ体制下のロシアでも、詩人や小説家からはペンと紙だけは奪わなかったので、チェルヌイシェフスキーは『何を為すべきか』を書き、日本の植民地時代も日帝が朝鮮語や朝鮮人の姓までも奪ったが、監獄でペンと紙を取り上げなかったので、申采浩《シンチェホ》は『朝鮮上古史』を書き、洪命熹《ホンミョンヒ》は『林巨正《イムコクチョン》』を書いた。そのため金南柱は「ペンもなく紙もない、自由大韓でその監獄で暮らすより」かえって古代の奴隷として、中世の農奴として、日帝治世にもう一度生まれたいと絶叫するよりなかったのだ。

この絶叫は空言ではない。「一国の大統領という者が／外敵の手先で数千の同胞の／虐殺者であるとき　良心のある者が／いるべき場所は　前線だ　墓だ　監獄だ／」と叫んだ詩人金南柱の作品の大部分は獄中詩だ。「ペンもなく紙もない、自由大韓」の監獄で金南柱は、牛乳パックを開いて作った紙に、木の枝や釘、爪を押し当てて詩を書いた。

昔の処刑場が投げかける争点

保安課の建物のすぐ後ろには中央舎があり、中央舎と扇型の形につながっている第10、11、12獄

裁判場の模型

扇型の監房

舎が残っている。これらの獄舎の構造は、フーコーが言うところのパノプティコンという近代監獄の建築様式を、そのまま再現したものだ。パノプティコン様式は監獄の構造としてはイギリスの功利主義思想家、ベンサムが最初に提案したもので、すべての受刑者は互いに遮断され孤立しており、中央の監視塔からひと目で受刑者全員を監視できる円形構造を特徴としている。

議会制度の改革を主張した政治的自由拡大の擁護者だったベンサムは、一方ではより「効率的に」処罰するための、近代的監獄制度の考案者でもあった。近代という社会は、社会の基本秩序を維持し、近代が要求する新しい人間のタイプを作るために、近代の特徴を多く持ついくつかの組織を作り出した。学校と軍隊と工場と、監獄と精神病院がその代表的なものだ。

もちろん近代以前にも学校と軍隊と監獄は存在した。しかしその機能は大きく異なるものだった。学校と軍隊を通じて規律を守ることを学んだ近代国家の構成員は、工場で立派な労働者として機能するようになる。工場、ひいては社会が要求する規律を破る者は、監獄に送られ「更正」を経て社会に復帰する。監獄のプログラムでも更正できない場合は、精神病院に送られ社会から隔離される。このような全体的な機能の中で監獄は、もっとも厳格な規律が適用される場所だ。

フーコーは監獄を「寛大さのない学校であり、より厳格な兵営」に例えながら、中世の監獄とははっきり区別される、近代の監獄が持つ特徴を的確に述べた。彼によると監獄は「近代化を推進する過程で、新たな秩序に対する一般大衆の服従性を引き出し、規律を与える過程を最も劇的に見せてくれる場所」だった。いわゆる「非生産的な集団」を統制し、服従させながらも生産的な労働力に育て上げる問題は、資本主義が発展していく中で核心的な課題に浮上した。

封建制が崩壊する中で、資本家や彼らの利害を代弁する国家機構の主な関心事の一つは、近代的な労働規律に適応できない浮浪者と貧民層を、勤勉で服従的な近代的人間へと改造することだった。持続的な監視、統制、訓練、教育を通じて人を統制する近代的支配様式は、統制対象である人の時間と空間を、国家が全面的に意のままに管理する監獄に、一番集約的に現れる。このような近代監獄の特徴は、日本帝国主義の異民族支配や大韓民国の同族支配で変わることなく観察された。

日本の植民地時代の監獄や軍隊の拘禁施設を見ると、仕事と生活は人体のリズムとは関係なく時間ごとに細かく規定されていた。また軍隊の営倉で「正座」させられるように、受刑者の位置や動作もまた監視者の便宜のために、そして受刑者が常に統制されているという感覚を重ねて確認するように、標準化された動作に従わなければならなかった。

矯正史や行刑史関連の資料を見ると、日本帝国主義と軍事独裁政権時代の韓国政府には共通点がある。両者はそれぞれ自分が作った監獄が、まるで野蛮から文明に進化の過程を踏んだかのように主張する。日帝によると日帝の近代的な監獄制度の導入によって、初めて朝鮮王朝の野蛮的な監獄制度が終息し、韓国政府によると日本の植民地時代の野蛮的な行刑制度は、大韓民国政府樹立後、大きく改善されたというのだ。

しかし金南柱のため息だけではなく、大韓民国初代大統領の李承晩《イスンマン》の獄中生活経験を聞いてみると、このような矯正近代化論理に喧嘩をふっかけたくなる気持ちがフツフツと湧いてくる。高宗皇帝の廃位を目論んだ大逆罪人として、投獄中に武器を所持して脱獄を図り未遂に終わった重罪人の中でも重罪人であった李承晩は、西大門刑務所の前身の漢城監獄で20代の半分に当たる5年7カ月という期間を過ごした長期囚だった。

もちろん李承晩が初めて投獄されたとき、漢城監獄の環境は非常に劣悪だった。李承晩と似た時期に漢城監獄に投獄された、日本陸軍士官学校出身の金亭燮《キムヒョンソプ》は回顧録の中で、15人が定員の監獄に50人以上を閉じ込めたので、囚人が「まるでザルの中で互いにぶつかり、押し合いへし合うドジョウ」のようだと述べている。こんな監獄で李承晩も最初は大変な苦労をしたが、彼の監獄生活は1900年2月金英善《キムヨンソン》という開明的な官僚が漢城監獄の所長に赴任してきてから、楽なものに変わった。

金英善は刑務所行政の全般を大きく改善したが、李承晩には信じられないほどの破格の特恵を施した。李承晩は獄中で書物10冊余りを翻訳したり書き下ろしたりして、新聞と雑誌に論説文を80編余り執筆、寄稿し図書館まで運営したという。李承晩の評伝を書いたある学者は、彼の監獄生活を「大学以上の大学」だったと結論付けた。自分が監獄のおかげで大変得をしたせいか、李承晩は自分が捕まえて放り込んだ政治犯に、このような便宜を決して図らなかった。

私は米国留学から帰国後、非転向長期囚を集中的にインタビューしたことがある。このインタビューは、２０００年６・15南北共同宣言によって彼らが急遽、北朝鮮に送還されたために中断したが、この時これら長期囚から１９５０年代と１９６０年代の飢えた時代の話と、１９７０年代の残酷な矯正転向工作の話を、余す所なく聞き取ることができた。もちろん彼らは監獄中の監獄ともいえる特別舎棟でも、最も劣悪な環境に置かれて暮らしていた。この点を勘案するとしても、話してくれた生々しい話は、私が独立運動家から直接聞いたり、回顧録を読んだりして知った１９３０～40年代の日本の植民地時代の監獄の現実よりも、さらにひもじく、さらに寒く、さらに辛く、なお一層むごいものだった。

体験館を後にして出てくると、西大門刑務所で処刑されたり、獄死したりした独立闘士の慰霊塔が建っている。独立闘士の慰霊塔が西大門刑務所の構内に建てられたのは当然のことだ。しかし不幸にもこの塔は完全とはいえない。この場所で残酷な拷問を受けて息絶えた人の中には社会主義者も大勢いたが、彼らの名前は見つけることができない。曺奉岩や、維新政権によってでっち上げられた人民革命党再建委員会事件で処刑された都礼鍾《トイェジョン》など、統一闘士8名の名前がないのはもちろんだ。

慰霊塔を過ぎると処刑場が現れる。処刑場の中と外に同じ年に植えたポプラが1本ずつあるが、同じ年に植えたというのが信じられないほど大きさが違う。中にあるポプラは死刑囚の悲痛きわまる恨《ハン》のために育たなかったというのだ。ドラマ「砂時計」の名ゼリフ、「おれ、震えてるか?」を思い浮かべながら、ここに歩いて入ってきたが出る際は担架で運び出された多くの人の最後の瞬間

この死刑場は過ぎ去った歴史の現場ではなく、今日の私たちに死刑という問題を投げかける場所である

を振り返ってみる。

とどのつまり、すべての歴史の現場がそうなのだが、ここ処刑場は過ぎ去った歴史の現場ではなく、今日私たちに死刑という重い問題を投げかける場所だ。民主政権の10年〔1998年から2008年〕が過ぎ、その中で評価できるのは国家が死刑を執行しなかったことだが、龍山で死んではならなかった6人の命が、警察の勇み足のせいで行われた強制鎮圧〔龍山惨事。101ページ参照〕の過程で失われて以来、連続殺人犯に対する死刑を執行しようという声が、執権勢力内部から湧き上がっている。そんなに殺したいのだろうか……。

死刑廃止運動のリーダー的存在のある牧師が、どんな理由であっても死刑を執行してはいけない理由として、犯罪を犯した人と処刑される人とでは完全に別人であるという点を挙げた。いくら残虐な犯罪を犯した人であっても、過去を悔い、別人になったとしたら、その人を殺す権利は誰にもないというのだ。

処刑場後方のくぐり戸は、入ってくるときの戸と高さが違う。入ってくるときの戸は自分の足で歩いて来るので人の背丈ほどあるが、くぐり戸は死体を運び出す戸なので、担架を持てば自然と背が丸まるためにその分だけ低く作られているというのだ。これは配慮なのだろうか、科学なのだろうか？　処刑場で暗くなった気持ちがさらに暗くなる。

第6章

草の根1本にも歴史が息づく 江華島《カンファド》

よく韓国を指して国土全体が博物館だという。韓国のどこに行っても文化遺跡がない所がないからだ。そんな韓国でもっとも文化遺跡が密集しているのが、まさに江華島《カンファド》だ。江華島の小さな石1つ、草の根1本にも、歴史が息づかない場所はない。全国土が博物館の国で、檀君《タングン》神話の時代〔紀元前2333年〕から現代に至る長い歴史を濃縮して見せてくれる博物館が江華島なのだ。そして江華島の歴史を、さらに濃縮した場所が江華歴史館〔現在は移転し、江華歴史博物館に名称も変更した〕だ。江華大橋を渡ってすぐ左側〔当時〕にある江華歴史館。ここは江華島の学習に出かける誰もが出発点にするのにふさわしい場所だ。

江華歴史館、江華島の歴史をひと目で

江華歴史館は江華島の長い歴史を比較的すっきり整理して展示しているが、ここで目を引くのは、海岸沿いに島を取り囲む長城を築いている場面を再現した「江華外城を築く模型」だ。この模型も生き生きしているが、横に付けられた「城を築く歌」が目を引く。19世紀中ごろ以後、外国船が出没するころに作られた歌だが、歌詞が実に涙を誘う。

「嫁取り3日で／城の賦役に狩りだされ／幾歳過ぎたのか／息子が訪ねてきたよ／親父の服を肩にかけ／やって来て言うことにゃ／おれの親父を探してくれと／監督の親方が言うことにゃ／目頭熱くして／お前はいくつになった／息子が言うことにゃ／目頭熱くして／おどけて言うことにゃ／お

れは2、6だ／親子の対面を見守っていた／城を築く人夫たちは／村に置いてきた／両親と女房子どもが思い出され／仕事の手を止めて／大声で泣いたよ／早く城を作り上げて／村に帰ろうぜ／恋しい女房子どもに会いたいよ」

年齢が「2、6」というのは、春香伝《チュニャンジョン》の主役春香《チュニャン》が「2、8の青春、16歳」というのと同じで、「12歳」という意味だ。結婚して3日で城を築く賦役に狩りだされ、10年以上も家に帰れなかったが、その時できた息子が父を訪ねてきて、初めて親子が対面するという涙の場面だ。韓国の歴史の本では、「西勢東漸《ソセトンジョム》」や「斥和攘夷《チョカヤンイ》」とかいう難解な用語で当時の状況を説明しているが、歴史の急変を全身で受け止めねばならなかった民衆の生きざまは、かくのごとしだったのだ。

次の部屋に移ると「江華童子」と陰で呼ばれた哲宗《チョルチョン》（朝鮮王朝第25代王（在位1849～63年））を、迎えに来た時の光景を描いた行列図がわれわれを迎える。大行列の先頭は、江華島の中心地の官庁里《クァンチョンニ》にある哲宗の生家に着いているのだが、後尾はまだ江華の渡しを渡っている。このような仰々しい行列が哲宗を迎えに来たのだ。恩彦君《ウノングン》（思悼世子《サドセジャ》の庶子（正室ではない女性

韓洪九教授が帥字旗について説明している

から生まれた子ども〕。当時の複雑な情勢の中で、謀反に連座し江華島に流刑になったが、最終的には賜薬を賜り毒死）の孫だった。18歳の「江華童子」李元範《イウォンボム》は、ソウルから大行列がやってくると、自分のことも殺しに来たのだと思い込みトイレに隠れたという話が伝わっている。江華島の田舎の木こりから一国の王になり、34歳の若さで世を去った哲宗の人生逆転の瞬間が絵の中に表れている。

二階への階段を上がると非常に大きな旗が目に飛び込んでくる。１８７１年の辛未洋擾《シンミヤンヨ》〔米軍艦隊の測量船を奇襲したことに端を発した米朝間の交戦。朝鮮開国のきっかけになった〕当時、広城堡《クァンソンボ》が陥落するときに奪われた「帥字旗《スジャギ》」のレプリカだ。本物は米国のアトランタ市にある海軍士官学校の博物館に所蔵されていたが、２００７年10月、永久貸出しの形で韓国に戻され、現在江華歴史館に所蔵されている。広城堡が陥落後、米軍が帥字旗を背景にして撮影した写真が残っていて、われわれの記憶を呼び起してくれる。

戦闘で旗を奪われるということは、その部隊が壊滅したという意味だ。私が軍隊に行った時に、春川《チュンチョン》の１０３補充隊で副教官が「言うことをきかないやつばかり選んで27師団に送ってやる」と怒鳴っていたが、どういうわけか私は27師団に配属された。訓練がものすごく厳しい予備師団で、兵士の苦労は筆舌に尽くしがたいものがあった。先輩兵士から聞いたところによると、予備師団に降格してしまった理由というのが、朝鮮戦争の時に旗を奪われたからだという。だから師団には旗がなかった。平壌《ピョンヤン》に行って取り返してこいというのだ。旗のない師団の兵士として苦労した身にとって、「帥字旗」が戻ったというニュースでいまさらのように苦労を思い出した。

数多くの石碑の中から目に飛び込んでくる追悼碑　曺奉岩《チョボンアム》の追悼碑

二階にある戦争の遺物は直接遺跡で見ることにし、外に出ると数多くの石碑を集めて置いてあるのが目に入る。おそらく江華島のあちらこちらが開発される中で、もともとの場を奪われた石碑を一カ所に集めたようだ。開発は人から故郷を奪うだけでなく、石碑からも故郷を奪うようだ。ほとんどの石碑は「善政碑《ソンジョンビ》」で、碑文の内容から「永世不忘碑《ヨンセプルマンビ》」とも呼ばれる。江華島にはこんなに石碑が数百本も建つほど、善政を施した郡守が引きも切らなかったのだろうか？

もともと善政碑というものは、善政を施した郡守の恩徳を称えるために、住民が進んでその郡守が任地を離れる際に建てるものだ。しかし善政碑にもインフレがあるようだ。特に善政を施したわけでもないが、郡守たるもの一つは善政碑が欲しくてしきりにねだるので、住民が嫌々石碑を建ててあげることが頻繁に起きた。ひどい話になると、着任早々、善政碑を贈り物として建てたというのだ。石碑は先に建てておいたので、「搾取するのはほどほどに」というメッセージを送ったというわけだ。そのせいで清廉潔白な郡守は善政碑を恥ずかしがったという話まで伝わっている。ここにある善政碑のうち、主人公が恥ずかしくない、善政碑を建てた人がその費用をもったいないと思わなかった、そんな善政碑は一体何本あるのだろうか？　良質の石を多く生産した地、江華島。それゆえ他の地域よりも善政碑が多く建たなければならなかったのだろうか？

歴史館の入り口には世界金属活字発祥中興記念碑が立っている。江華島は韓国の出版文化の発展において、欠かせない場所だ。歴史館の中には八万大蔵経（高麗時代、蒙古が侵入してきたことから、これを仏の力で追い払おうと経典（版木）を作った際の様子がよく描かれている。清州《チョンジュ》には早くも1992年に、現存する最古の金属活字本『直指《チクチ》』を刷った興徳寺《フンドクサ》跡に、清州古印刷博物館が建てられたが、『直指』よりもはるか前に『古今詳定礼本《コグムサンジョンイェムン》』を刷った江華島には、この石碑以外には江華が金属活字発祥の地であることを示す記念施設は何もない。

韓国では子どもの頃から、韓国が世界で最初に金属活字を発明したということを何度も聞かされる。しかし、どうして韓国の金属活字は、グーテンベルクの活版印刷術が知識革命をもたらしたような大きな変化を招くことができなかったのだろうか。グーテンベルクの金属活字が大量印刷するために発明されたものだとしたら、韓国の金属活字は少量を刷るために発明されたものだといえる。

高麗や朝鮮時代に本を読んだ知識人の数は一体どれ位だったのだろうか？　知識人はどれほど書籍を購入したのだろうか？　金属活字以前の支配的な印刷方法は木版印刷だった。木版印刷は、江華歴史館に非常によく再現され展示されているように、木版に一つひとつ文字を彫る方法だ。『四書三経』のように一定の需要がある本ならこのような方法で刷ってもいいだろうが、もし必要とする人の数がきわめて少ないなら木版の作業はとうてい見積もりすら出せない作業だ。最初の金属活字本『古今詳定礼本』の発行部数は28部に過ぎず、朝鮮時代の代表的な金属活字本『朝鮮王朝実録』の場合、たった4部を刷っただけだ。このように需要が少ない本を木版で印刷するのは収支が合わない。韓国の金属活字の発明が知識革命に至らなかった理由は、この偉大な発明を知識の大衆化を成すほど、漢文で本を読む人の集団が形成されていなかったからだ。

江華歴史館の出入り口付近には、江華が生んだ近現代史の人物、曺奉岩《チョボンアム》の追悼碑が立っている。

1899年生まれの曺奉岩は、20代と30代のときに著名な共産主義運動家として活躍したが、解放後に転向し、1948年の政府樹立当時には初代農林部長官になった。農林部長官としての彼の主な業績こそ、農地改革だった。

　左派が主張した土地改革の場合、すべての土地を対象にして無償没収、無償配布という徹底した改革を目指した半面、農地改革はすべての土地ではなく農地のみを対象とし、有償没収、有償配布で行われた。このため1980年代の進歩的な学者の中には農地改革の意義を低く評価する向きも多いが、現在は農地改革の重要性を高く評価している。

　もし農地改革がなかったら、朝鮮戦争の様相は大きく変わっていただろう。今でこそ韓国の国民の絶対多数が韓国で生まれ育った人たちだが、朝鮮戦争が勃発した時は、38度線以南に暮らしていた人々の中で、大韓民国の国民というアイデンティティを確立していた人は、極わずかだった。もちろん限界はあるものの、大韓民国が農民に土地を分ける前に、人民軍が南下して土地改革を実施したとしたらどうなっていただろうか？

曺奉岩の追悼碑

李承晩《イスンマン》と決別した曺奉岩は、1956年の大統領選挙で李承晩と激突した。もともとこの選挙には民主党候補の申翼熙《シンイッキ》が、韓国政治史上最も扇動的で効果的だったスローガン「生きていけない、代えてみよう!」を打ち出し、一大旋風を巻き起こした。ソウルの人口が150万人だった時代〔現在は約972万人〕に、漢江《ハンガン》の河原に申翼熙の演説を聞こうと30万もの人が押し寄せたのは、現代のキャンドル集会に70万人が集まることより大きな事件だった。その申翼熙が遊説のため湖南《ホナム》線の列車で移動中に車内で急死したのだ。「涙の湖南線」という言葉はこれ以来広まっていった。

この時まで「二強一中」で展開していた選挙戦は、申翼熙の死後、急速に「二強」に変わった。興味深いのは、当時野党だった民主党の指導部が、曺奉岩を支持するのではなく李承晩を支持した点だ。李承晩よりもさらに親米的で保守的だった民主党指導部は「金日成《キムイルソン》と協力することはあっても曺奉岩とは手を組めない」と、前身が共産主義者の曺奉岩の代わりに、徹底した反共主義者の李承晩を支持すると発表した。しかし、国民は曺奉岩を支持した。開票の結果、李承晩は504万票、曺奉岩は206万票とかなりの差で李承晩が勝利した。しかし1956年の大統領選挙は、「曺奉岩が投票で勝ち開票で負けた」という言葉を生むほど、不正に満ちたものだった。

たとえ選挙で負けても、曺奉岩は次期有力候補としての立場を確固たるものとした。すでに80歳を超えていた李承晩が、4年後の選挙に打って出られると断言できる人は誰もいなかった。このような条件が曺奉岩を死の淵に追いやったのだ。曺奉岩は保守野党である民主党に入党したかったが、民主党に拒否されたので進歩党を創立した。曺奉岩の進歩党は平和統一を掲げた。今でこそ平和統一は当たり前の話だが、李承晩政権はこれを、北進統一を放棄し北朝鮮政府を認めようとするとんでもない主張であり、さらに北朝鮮の主張に同調するものだと攻撃した。次期大統領選挙の最有力候補の曺奉岩は、選挙を8カ月後に控えて無実であるにもかかわらず死刑になったのだ。野党の民主党は李承晩の蛮行を全力で阻止しようとはしなかった。このように死に物狂いで政権を維持しようとした李承晩は、1年もたたずに、4月の民主革命ですべて失う結果になった。

曺奉岩の追悼碑が故郷に建てられたのは、2001年のことだ。2001年は歴史的な6・15南北共同宣言の1年後だ。今、韓国社会で曺奉岩が全国的に復権ならびに名誉回復がなされたといえるだろうか？　彼の追悼碑のわきにはもう一つ石碑が立っている。追悼碑を建てるために寄付した人たちの名簿だ。どうしてこんな石碑を建てる必要があったのだろうか？　あちこち旅してみると、昔から石碑や塔を建てる際に金を出すと、その名前を記録してあるものを見る。少々金を出したからといって、そのことをこんな形で必ず明らかにしなければならないだろうか。そんなことを考えていたら、急に曺奉岩の碑のそばの小さな石碑の意味が、少し違う形で頭をよぎった。

ここに名前を刻んだ人の大部分は、江華や仁川《インチョン》の地域の有志だ。韓国政治史の代表的な「アカ」曺奉岩は、故郷だけではあるものの保守右翼からも追悼の対象になったのだ。痕跡も残さず消えて行ったこの地の多くの曺奉岩が自分の故郷だけでも記憶できるようになる日はいつのことだろうか。

天に昇って行った龍が暮らした場所、龍興宮《ヨンフングン》

江華の町に入ると右側が官庁里《クァンチョンニ》で、哲宗の生家である龍興宮、聖公会江華聖堂、高麗宮址などが

1カ所に集まっている。江華島で3・1独立運動が起きた場所を教える記念碑の向かい側に、金尚容《キムサンヨン》〔1561~1637年、朝鮮時代中期の官僚〕の殉節碑が2基立っている。一つは白く、もう一つは江華島の特産である烏石と呼ばれる黒い石のものだ。

かたい烏石を加工する技術が朝鮮後期に開発されて以来、烏石が広く使われるようになった。金尚容の子孫は初めに建てた石碑の代わりに、見た目が華やかで字も読みやすい烏石で新たに石碑を建て、前のものは地中に埋めた。その後、江華にも開発の波が押し寄せ、新しい石碑と地中にあった古いものとをこの場所に移し、一緒に建てたのだ。

金尚容は宗廟《チョンミョ》にあった朝鮮王朝歴代の位牌を持って江華に避難〔1636年に起きた丙子胡乱《ピョンジャホラン》からの避難〕して来たが、江華が陥落すると火薬に火を付けて爆死した人物だ。彼の弟、金尚憲《キムサンホン》は、清に連行された後に作った「帰らんとす　三角山《サムガクサン》よ、再度まみえん　漢江の流れよ」という詩調で有名だが、兄弟二人して当代の忠臣として名を挙げた。朝鮮後期の政治を思いのままにした外戚の安東《アンドン》金氏の専横政治は、すべてこの二兄弟の子孫によるものだ。朝鮮時代の両班《ヤンバン》の真価をはかる際に、出世した先祖を持っていることこそが一番の基準というのは、この安東金氏の専横を見れば無理もないことだ。

殉節碑の先の路地を入ると、哲宗の潜邸、龍興宮が出てくる。宮とはいってもその規模は少々大きな瓦葺の家ほどのものだ。これでも元の大きさではなく、後に江華の地方官の鄭基世《チョンギセ》が龍興宮を増築し、敷地も広げたものだ。中に入ると若干高い所に「哲宗潜邸旧基」と書いた石碑があるが、ここが本来の家の跡だ。朝鮮時代の王はよく龍に例えられるが、「潜邸」というのは龍が昇天する

哲宗が王位に就く前に住んでいた家の龍興宮。王の子孫が暮らしていた家屋というのが信じられないほど手狭だ

前に水中で住んでいた場所を指す言葉で、王位に昇る前に王が起居した所を意味する。一般的には王世子が王の死去後に王位を継承するが、王世子が起居する所を「東宮」と呼ぶ。景福宮の東宮は日帝によって完全に撤去されたが、最近復元された。

東宮に住んでいて王になると潜邸は存在しないが、王世子ではない身分から王位を継承した成宗《ソンジョン》や、中宗《チュンジョン》、仁宗《インジョン》のように、クーデター勢力によって王に担ぎ上げられた人が住んでいた所は、潜邸と呼ばれることになる。龍興宮という名称は「龍が起き上がり昇天した」という意味なので、潜邸の名前としては上手に付けたといえる。

龍興宮の前には2基の石碑が立っている。1基は鄭基世の頌徳碑で、他の1基は鄭基世の父親、鄭元容《チョンウォニョン》の頌徳碑だ。鄭元容は哲宗の代に領議政《ヨンイジョン》〔最高の中央官職の一つ〕を務めた人物で、憲宗《ホンジョン》が後継を残さず死んだ後、趙大妃《チョテビ》と協議し自ら江華島に訪ねて来て、「江華童子」の李元範を連れ帰り国王に担ぎ上げた。このような事情があるため、鄭基世が龍興宮を増築したのは自分の父をさらに高く祭り上げることにもなったのだ。

聖公会江華聖堂、配慮と融合のデザイン

聖公会の本家であるイギリスでは、スコットランドのアイオナ島を信仰の苗代の地と考えるが、江華島は韓国聖公会におけるアイオナ島のような場所だ。そのせいか韓国聖公会を導く者の中には、金成洙《キムソンス》主教（前聖公会大学校総長）など江華島出身者が結構多い。聖公会は１８９０年に初めて朝

鮮に宣教し、江華島には3年後の1893年に伝わった。イギリスの初期の宣教師たちは、江華島を朝鮮のアイオナ島にするために集中的に宣教活動を繰り広げ、似た時期に島の北側と南側に聖堂を建てた。そのうち官庁里にあるものが聖公会江華聖堂だ。

聖公会江華聖堂はキリスト教系統のどの教会とも違う、とてもすてきな朝鮮式の建物だ。マーク・トゥロロフ主教が江華聖堂の建築総責任者を務めたが、彼は景福宮再建の責任者だった都辺首《トピョンス》に仕事を任せた。しかしこの都辺首は、この大きな聖堂を建てる際に設計図もなしに作業を始めたそうだ。トゥロロフ主教は仕事が終わるまで大変不安な思いでいたが、自分が注文した以上の素晴らしい建物が完成したのを見て、感嘆の思いを禁じ得なかったという。この聖堂の木材は、すべて白頭山《ペクトゥサン》から切り出され、筏《いかだ》で鴨緑江《アムノッカン》を通じて運ばれてきたものだ。聖堂の大きな梁には、「1900年4月午の刻上棟」という文字が鮮明に書かれている。

江華聖堂は天井を高くし、壁の上の方にガラス窓を付けた。そのため外から見ると2階建てに見えるが、中から見れば平屋の重層構造になっている

唯一神を信じるキリスト教がヨーロッパを離れ他の文化に出会うとき、ことのほか衝突や葛藤が多かった。相手に対する配慮なしに自分のものが正しいと主張していると、当然相手の反感を買うものだ。聖公会は聖堂を建てるにあたり、朝鮮固有の建築

様式を選び、当時の朝鮮人が拒否感を持たないように細心の配慮と融合の姿勢を見せた。十字架のデザインも、仏教で重視する蓮の花のイメージを借りて描いたものが目に入る。

聖公会が韓国に伝播した時期〔1890年ごろ〕は、すでに韓国でキリスト教の宣教が合法化された時だった。聖公会よりも100年余りも前に韓国に入ってきたカトリックは、時にはひどい弾圧を受けた半面、比較的遅く韓国に入ってきた聖公会は、いまだキリスト教を排斥する雰囲気が強かった韓国で、それなりに安着できたのだ。

江華聖堂は丘の上にある平らな敷地の形に合わせて建てたので、司祭館まで含めるとまるで海に乗り出す船のような形だ。外から見ると朝鮮式の建物だが、中に入ると柱が多く両側に回廊を巡らした点など、バシリカ様式なのが分かる。また聖堂の横の門はイギリスを象徴する「ユニオンジャック」の模様が入っている。聖公会では礼拝の時に油香を焚くので天井は高い方が良い。江華聖堂は天井を高くして、壁の上の方にガラスの窓を作った。そのため外から見ると二階建てに見えるが、中に入ると平屋という重層構造だ。江華聖堂を守る聖人がペデロとパウロのせいか、聖堂の中にはペデロの天国の鍵とパウロの剣を描いた旗が掛けられている。聖堂の前には非常に大きな菩提樹の木があり、聖堂の横にはエンジュの木がある。菩提樹は釈迦の得度を象徴していて、エンジュの木は儒教の学者を象徴するという点が、他の宗教と融合しようとする聖公会の姿勢がうかがわれる。

江華聖堂は国家指定文化財史跡424号で、2004年に5億ウォンをかけて全体修理工事を行った。

外奎章閣《ウェギュジャンガク》の書籍はいずこへ

江華聖堂を出て丘に登ると高麗宮址が現れる。13世紀に高麗が蒙古に侵略された時、高麗人は江華島を拠点に40年もの間、頑強に抵抗した。高麗宮址は当時の宮殿があった場所で、高麗が蒙古に降伏し開京《ケギョン》に還都した際に、建物はすべて焼いてしまったので残っているものはない。朝鮮時代には、現在でいえば江華市役所クラスの「留守府」が置かれた。江華島は国防の要衝の地なので、江華は今でいう直轄市に該当し、江華留守の職級も京畿道観察使と同級の従二品〔次官級〕で、京畿道観察使は地方官である外職なのに比べ、留守は中央の官職である京官職に属した。

現在、高麗宮址には留守府の施設としては、江華留守の執務室の東軒《トンホン》と吏房庁《イバンチョン》が残っている。当代の名筆、尹淳《ユンスン》が思い切り枠に書いた東軒の扁額、「明威軒《ミョンウィホン》」の字がひときわ目を引く。明威軒の隣には外奎章閣があるが、もともとの建物は１８６６年の丙寅洋擾《ピョンインヤンヨ》〔フランス人宣教師の処刑に端を発したフランスとの戦い〕当時にフランス軍によって焼失し、現在の建物は２００４年に復元されたものだ。

奎章閣は正祖《チョンジョ》の代に設置された、国王直属の図書館兼学術研究機関といえる。朝鮮式建物や漢籍〔漢文で書かれた中国の書籍〕はすべて火に弱いので、正祖は奎章閣を宮殿の中に設置した上で、分館として江華島に外奎章閣を設けた。万一、奎章閣に火災が発生した場合、貴重な書籍がいちどきに灰になってしまうのを防ぐためだ。しかしながら歴史の皮肉な運命は、奎章閣に保存された書籍をすべて温存したが、外奎章閣にあった書籍はフランス軍が略奪していった儀軌〔王室の記録〕３００冊余りを除いて、すべて彼らによって灰燼に帰してしまった。

フランス軍が略奪していった儀軌300冊余りは、韓国の高速鉄道を建設する際、フランスが自国のモデルを韓国に売るために返した1冊を除いて、フランス国立図書館に所蔵されている。韓国とフランス間の返還協議は現在中断されている状態だ〔2011年に貸与の形で返還〕。当時のフランス軍将校が残した記録によると、彼らは朝鮮の文化水準にひどく自尊心を傷つけられた模様だ。彼らの目に当時の朝鮮の藁ぶきの家は、人の住む所とは思えないほどみすぼらしく低いレベルのものだったのに、驚いたことにどの家にも本が数冊あったというのだ。当時のフランスの片田舎の貧しい家には、本があるなど想像しがたいことだったのだ。

大英博物館やルーブル博物館など世界屈指の博物館から、「略奪」文化財を本国に返還したら建物以外の何が残るだろうか。しかし帝国主義の後裔は、自分たちが文化財を持ってきたからこそ保存できたのだ、もし現地にそのまま置いておいたなら全部破壊されていただろうと常に言うのだ。しかし江華島の外奎章閣に保管されていた朝鮮の文化財の場合、非常に良い状態で保管されていたにもかかわらず、値打ちの分からないフランス軍がやって来て、文字ばかりのものは燃やしてしまい、絵が美しく、装丁の素晴らしいもの、つまり金になりそうなものだけを略奪していったのだ。文化財とは本来の場所にあってこそ、その光を放つのだ。

トイレで思い出した朴正熙《パクチョンヒ》のエピソード

外奎章閣を過ぎ吏房庁に行く途中、黄色のトイレが人々を待っている。朴正熙が江華島の国防遺跡を大々的に整備、復元した際、江華島すべてがこの黄色で覆われた。売店、入場券売り場、トイレといった付随する建物だけでなく、ほとんどの遺蹟が丹青や朝鮮式の色を生かすことなく、みな明るい卵色に塗られてしまった。このころ初めて江華島を訪れた私は、まるで茶碗蒸しの中にいるような気分になったので、あるおじさんに聞いてみた。すると朴正熙の夫人、陸英修《ユクヨンス》が好きな色だという答えが返ってきたことを思い出した。不幸な死に方をした陸女史を偲ぶのもかまわないが、それにしてもひどいやり方だと思わずにはいられなかった。実際そのころのソウルの市内バスも、同じような黄色の地に青のラインで走っていた。

それでもそのころの方が、全斗煥《チョンドゥファン》時代よりは目の疲れがましだったと思う。1970年の中ごろまでのバスの薄暗い色と比べてみるとき、黄色の地に青のラインのバスははるかに爽やかに見えた。ところが全斗煥が登場し「新しい」時代が開かれると、バスの色が変わった。アッ！　白地に変な紫色！　紫色は本当に難しい色だ。少し色目が違っても、抑制不能なほどひどくなるのが紫色だ。それなのにその紫色の塊が、ばい煙をまきちらしながら市内を走り回るとは……。紫色は財産がもう29万ウォンしか残っていないという彼の妻、李順子《イスンジャ》が好きな色だった。

江華島の至る所で見かける朴正熙の文字を見ながら、そしてもう江華島では吏房庁と広城堡のトイレなど、いくつかを除いては痕跡もない卵色を見ながら、私は学生に話す。もしものすごく出世しても、あちこちでむやみに字を書かないこと、自分や家族が好きな色を他人に教えないこと……。

吏房はどうやって生計を立てたか

トイレを回って吏房庁に戻ると、その規模に驚かされる。江華有数の留守の執務室である明威軒《ミョンウィホン》よりも吏房庁の規模がはるかに大きい。われわれは吏房というと時代劇で背を丸めて上官の横に立ち、上官が命を下すと「ははーっ」と答えて小走りし、へつらう姿を思い描きがちだが、ここの堂々とした吏房庁の建物の責任者である吏房は、留守府を実質的に取り仕切っている行政副市長、または総務局長レベルの力があった。するとこの大きな建物の責任者の吏房の月給はいかほどのものだっただろうか?

現在の観点からはまったく理解しがたいことだが、彼らは全くサラリーをもらっていなかったのだ。では彼ら事務官吏はボランティアで働いていたのだろうか? いいや、彼らはフルタイムの正規職だ。では彼らはどうやって生計を立てたのだろうか? 文字通り「適当に」やっていたのだ。どこまでが袖の

江華留守府吏房庁。行政の副市長の役を担った吏房の影響力がうかがえる

下でどこまでが手数料なのか、その境界は実に曖昧だった。儒教国家である中国と韓国は、伝統的に地方行政の実質的責任者である事務官吏に、まったく賃金を払わなかった。そのため彼らは適当にやるしかなかった。そのため適当に懐に入れるのは権利であり罪ではなかったのだ。ただどれくらい懐に入れるかが問題だっただけで。

朝鮮時代の両班《ヤンバン》を規定する基準で最も重要なものに、「両班が両班だと認めてこそ両班だ」という言葉がある。パッと聞いただけではさっぱり訳が分からない言葉だが、現実的には非常に明快な基準だった。このような「曖昧」な境界を持つエリート集団が、朝鮮という王朝を500年も支えたのだ。そして中央と地方の行政を実質的に仕切る事務官吏も「召し上がる」と「食らう」の曖昧な境界を行き来しながら、500年間、朝鮮を経営した。今でも時々「適当にやってくれ」という言葉を聞くが、実に根の深い言葉だ。

支石墓（コインドル）、いかに作ったのか

江華邑を過ぎて河岾面富近里《ハジョムミョンプグンニ》に行くと、有名なコインドル公園がある。江華にはコインドル、つまり支石墓が120基余りあるが、高敞《コチャン》と和順《ファスン》の支石墓と合わせて2000年にユネスコ世界文化遺産に選定された。韓国は支石墓の国だ。韓国だけでも支石墓が数万基もあり、全世界の支石墓の80％以上を占めている。ここ富近里にあるのは、数多くの韓国の支石墓の中でも特にできの良いものだ。

富近里の支石墓が建てられた場所は見晴らしの良い平地。80トン規模の石を引っ張るには300～400人の若者が動員されなければならないので、概ね2000人ほどの共同体でなければ、これほどの大きな支石墓を作る考えは出なかっただろう

富近里の支石墓のように支石の背が高く、まるでテーブルのようなものは北方式コインドルと呼び、支石の足が短く碁盤のような形のものを南方式コインドルと呼ぶ。富近里の支石墓は北方式コインドルの中でも最大級で、同時に北方式コインドルの南方限界線、つまり最南端に位置している。富近里支石墓の蓋石の重さは80トンを超えると推測されるが、現代のクレーンでも持ちあげにくい重さだ。昔の人々はどうやって支石墓を作ったのだろうか?

岩盤から蓋石を切り出すことすら、容易ではなかったはずだ。蓋石の表面をじっくり見てみると、細く深い溝のようなものが見える。岩に穴を穿ち、干からびるほど乾いた木を差し込み、水をかけて木が膨らむと、その力で岩が割れるという方法を使ったのだ。乾いた木が水を含んだらそんなに体積が増えるということにも驚くが、昔の人は一体どうしてそういう工夫ができたのだろうか？

富近里支石墓が建てられた場所は、一面、開けた平地だ。一体どこからあんなに大きな石を持ってきたのだろうか？　運搬手段もなかったのにどうやってあの石を持ってきたのだろうか？　丸太を削って石の下に差し込み、車のように利用もし、冬には水をかけて地面を凍らせて、よく滑るようにして石を引っ張ったともいわれている。このようにしても80トン規模の石を引くとなると、元気な若者300～400人は動員しなければならない。全人口が大体2000人ほどの共同体で、この規模の支石墓が作れるということになる。支石墓を作るには、まず相対的に小さい支石を立てて土で埋め、丘を作ったといわれている。その次にこの丘の上に蓋石を引っ張り上げて支石の上に置いた後、土を取り除けば支石墓が完成する。

南方式コインドルの大きいものの中には、蓋石の重さが北方式のものである富近里のものよりはるかに重いものもあるが、大概の南方式コインドルは北方式に比べ規模が小さく、群れをなして集まっている。支石墓というものは元来平地であっても作りにくいのに、北方式コインドルは丘の上に立っているものもある。丘の高さが足されて、支石墓がさらに立派に見えるようにという意図からだろう。南方式コインドルの規模が小さくなり、群れをなすようになったのは、共同体の組織原理が北方式コインドルを作ったものとは違っていたことを意味する。威圧的な支石墓を作った共同体では、支石墓の主人公だった族長が絶対的な権威を行使したが、南方式コインドルは北方式コインドルより、さらに多くの人々が主人公になれたということを意味している。

死してもなお親民の鄭斉斗《チョンジェドゥ》

夕焼けの美しい良道面霞逸里《ヤンドミョンハイルリ》に行くと、陽明学者で有名な鄭齊斗《チョンジェドゥ》とその父親の鄭常徵《チョンサンジン》の墓がある。どちらが息子で、どちらが父親のものなのかといえば、あまのじゃくかもしくは質問者の意図を知っている人を除いて、ほとんどが上にある墓を父親のものと思うだろう。しかし息子の鄭齊斗の墓の方が父親のものより上に位置している。朝鮮時代中期の墓の中には、たまに息子や孫の墓が父や祖父の墓よりも高い場所にあるものがある。これを指して父や祖父が死んでもなお、息子や孫を背負っているという。

鄭齊斗の墓碑を見ると、当時の一般的な墓碑とは大きく違う点を、一つ見つけることができる。鄭齊斗の墓碑には彼の官職が「朝鮮国議政府左賛成《ウィジョンブチュアチャンソン》」とあるが、一般的には朝鮮国の前に「有明」という2文字がある。すでに中国では明の国が滅び清国になって久しくても、いわゆる「再造之恩」、つまり文禄・慶長の役の際に朝鮮を再び生き返らせてくれた恩を忘れず、儒臣の頭の中にはいまだ明の国が生きていたのだ。

鄭齊斗が追究していた陽明学は、当時の朝鮮の思想界を支配していた朱子学とはさまざまな面で違っていた。朱子は『大学』を解説する上で、本文で『大学』の根本の意味が「親民」になっているのを「新民」、つまり支配者の立場から民を日々教化するところにあるとした。王陽明はこれとは異なり「親民」を、文字通り、民を親しく思うことだと考えた。

陽明学を信奉した鄭齊斗もまたこの立場から朱子を批判した。あちこち調査に行っても鄭齊斗の墓ほど簡単に行けるものはない。多忙な調査の途にある人も、気楽に大きな道路端に車を止めておいて、ひょいとのぞける場所が鄭齊斗の墓だ。これが本当の「親民」の小さな実践と言えるのではないか。

党色、つまり所属の派閥からいうと鄭齊斗は少論の巨頭だった。鄭齊斗が江華に落ち着いた後、彼の学問的な影響を受けた一群の学者が200年余りも台頭し続けたので、陽明学—実学—民族史学の脈がつながったのだが、これを江華学派と呼ぶ。江華学派の代表的な人物として、朝鮮時代後期には、金正喜《キムジョンヒ》よりも名筆の呼び声高い李匡師《イグァンサ》、朝鮮時代の代表的な紀事本末体（歴史書の書式の一種）の歴史書である『練藜室記述《ヨンリョシルキスル》』を書いた李肯翊《イグンイク》、朝鮮時代後期の最高の文筆家であり、朝鮮時代後期の政治史をもっとも客観的に叙述した『党議通略《タンイトンニャク》』の著者の李建昌《イゴンチャン》と、その弟の李建昇《イゴンスン》、李建昌のいとこで鄭寅普《チョンインボ》の師である李建芳《イゴンバン》、臨時政府の臨時大統領を務めた歴史学者の朴殷植《パクウンシク》、民族歴史学者として名高い鄭寅普が挙げられる。

どっちつかずのニューライトと対照的な昔の保守主義者、李建昌

江華島に来たのなら江華学派の痕跡をたどるのが当然だろう。私がよく行くのは華道面沙器里《ファドミョンサギリ》の李建昌の生家と、良道面乾坪里《ヤンドミョンコンピョンニ》にある李建昌の墓だ。もし一日で2カ所を回るのがきつければ、生家の方を訪ねるのがいいだろう。彼の墓は朝鮮王朝の壮大な没落を象徴するように、あまりにも寂しいからだ。他人の家の裏に墓碑もなく、ただ錆びた鉄製の案内板が一つぽつんと立っている彼の

墓を見れば、李建昌の旧友の黄玹《ファンヒョン》〔1855~1910年。独立運動家〕が自ら死を選んだ時、最後の別れを墓前に告げに来て詠んだ詩が思い出される。「一人で眠ることを悲しみなさるな。生きていたときも一人だったではないか」。

沙器里の李建昌の生家は、現在はよく整備された藁ぶきの家に復元されている。生家の壁には、黄玹が楷書体で力強く書いた李建昌の堂号、明美堂という扁額がかかっている。李建昌はここで生まれ15歳の時に祖父、李是遠《イシウォン》の自決を見届けねばならなかった。丙寅洋擾によって江華島がフランス軍の手に陥落した時、吏曹判書《サジョパンソ》〔人事などを担当した行政機関〕だった李是遠は弟と共に命を絶った。朝鮮500年の歴史で最高の神童といえる官吏を選べと言われたら、前期では金時習《キムシスプ》、後期では李建昌を選ぶ。幼い頃から訳官〔通訳〕出身の開化思想家、姜瑋《カンウィ》に学んだ才気はつらつとした李建昌は「西洋の蛮人」の乱で祖父が自決したためか、開化派になることができなかった。

彼は保守派だったが、徹底した改革家でもあった。15の年で科挙に合格した李建昌は暗行御史《アメンオサ》〔地方官の監察を秘密裏に行った国王直属の官吏〕としても有名だ。彼が暗行御史として赴いて罷免した守令《スリョン》〔地方官〕は、普通の郡主ではなく現在でいうところの道知事クラスの観察使だった。その威力は、高宗《コジョン》が地方官を任命する際、不正があれば李建昌を送るからなと脅かしたほどだった。東学農民が蜂起した時、李建昌は秩序を乱したかどで東学農民を徹底して討伐するよう主張したが、農民軍の討伐の前に、彼らを蜂起せしめた汚職の官吏を先に一掃しなければならないと強く主張した。李建昌と彼の友人は断髪令〔1895年、当時の政府が成人男性に髪を切るよう命じたもの〕に反対した。しかし彼らの反対理由は、衛正斥邪派《ウィジョンチョクサパ》の巨頭だった崔益鉉《チェイッキョン》のように「首は切れても髪は切れぬ」といった頑《かたく》なな反対ではなかった。彼らにとっては、ハナから髷《まげ》を落とそうが落とすまいが問題ではなかった。李建昌の友人、金澤栄《キムテギョン》が中国に亡命していた頃弁髪をしていたのを見ると、彼らが守ろうとしたのは髷ではなく、自分の運命の主としての尊厳性だったことが分かる。

国が滅びると彼らは私財を投じて新学問を教える学校を建てるなど、傾く国運を回復するためにもがいた。黄玹が遠く求礼《クレ》の地でアヘンを飲んで自決した時、李建昌の弟、李建昇も服毒自殺しようとしたが、家人に薬を奪われ果たせなかった。李建昌の友人でもあり同志でもあった鄭元夏《チョンウォナ》も家族に薬を取り上げられ、その後刀で自決しようとしたが、取り上げようとする家族ともみ合ううちに片方の手が使えなくなる障害を負った。李建昌も鄭元夏も、また江華学派で重要な脈をつなぐ洪承憲《ホンスンホン》も、全財産を整理して亡命したが、ボール紙で作った冠一つかぶることなく寂しく死んでいった。

あまりにも辛くて、一行読んではため息をつき、1ページ読んでは表紙を閉じなければならない閔泳珪《ミンヨンギュ》教授の『江華学最後の光景』は、5000年という長い歴史を持つこの国で、いかに保守主義者が消えていっ

砂器里の李建昌の生家は、現在はきれいに整理されている藁葺きの家だ。生家の壁には黄玹が力強く書いた李建昌の号である明美堂という扁額が掛けられている

たのかについての胸が痛くなるような記録だ。保守主義者たちが雄々しく消えていったこの地で、幼く未熟なニューライト〔2000年代に登場した新右翼運動〕だけがのさばっている。

朴正熙の反米によって復元された広城堡《クァンソンボ》

江華で外すわけにはいかない所が広城堡、徳津鎮《トクチンジン》、草芝鎮《チョジジン》など、いわゆる国防遺跡だ。この遺跡はすべて朴正熙政権末期の1976～77年に、江華国防遺蹟復元浄化事業の一環として新たに復元された。もともと朝鮮時代には「鎮」が「堡」より規模が大きかった。しかし復元浄化事業が行われた時期に、〔駐韓米軍が一部撤退するなど〕極度に悪化した韓米関係が反映されたため、辛未洋擾の激戦地だった広城堡が最も大きい規模で復元された。

広城堡から龍頭墩台《ヨンドゥドンデ》に向かうと、辛未洋擾直後に建てられた魚在淵《オジェヨン》将軍兄弟を称える双忠碑がある。双忠碑の横には朴正熙が建てた「辛未洋擾殉国無名勇士の碑」が立っている。辛未洋擾は、1871年に米国が、1866年に失踪したジェネラルシャーマン号を口実に江華島を攻撃し発生した、朝鮮と米国間の小さな戦争だ。

朴正熙がこの碑を建てたころの1970年代後半の韓米関係は、破局一歩前の薄氷を踏むような状態だった。1960年代後半のベトナム戦争に、延べ32万人の大兵力を派兵したのに、韓米関係はむしろ後退していた。朴正熙は自身が米国のためにこれだけ大きく寄与しているにもかかわらず、北朝鮮が朴正熙を殺害しようとした1968年1・21事件当時、米国が北朝鮮に何ら対応しなかっただけでなく、韓国軍をベトナムに大規模派兵しているというのに、駐韓米軍を米国本土に撤退させてしまった〔1971年、当時のニクソン政権が第7師団約2万人の兵力を撤退させた〕ことに激怒し、怒髪天を衝いていたのだ。

彼は米国の行政府だけを信じてはだめだと思った。米国議会を相手に韓国式に金をばらまき始めた。ウォーターゲート事件以後、道徳を強調する米国の政治風土の中で、朴正熙が米国の議員相手に巨額のワイロをまいたことは、「コリアゲート」という大変なスキャンダルに飛び火した。当時人権外交を標榜していたカーター大統領は、朴正熙の軍事独裁を批判し駐韓米軍を撤退させると宣言した。この時期、米国が青瓦台《チョンワデ》の大統領執務室を盗聴するなど、韓米間の不信と対立は頂点に達した。

朴正熙が江華島に国防遺跡を大々的に整備したのは、ちょうどこの時期だった。江華島の長い歴史で朴正熙が注目したのは、高麗の武臣政権期と19世紀末の辛未洋擾と丙寅洋擾だった。軍人出身の朴正熙は同じ軍人ということで、武臣政権にかなり親近感を持っていた。そして大胆にも米国相手に戦った祖先を、急にもてはやし始めたのだ。無名勇士の碑はヨーロッパで、19世紀末のいくつかの戦争と第一次世界大戦直後の執権勢力が、国民を統合するために頻繁に建てたものだ。朴正熙もやはり伝統的な友好国である米国と極度の緊張関係に陥った状況で、国民統合の必要性のために無名勇士の碑を建てた。誰かが、この無名勇士の碑に刻まれていた朴正熙の名前3文字を、のみで削ってしまったのが目を引く。

双忠碑の横の全部で7基の無名勇士の墓に視線が行く。いまでこそどの国も国立墓地を設けて戦争で死んだ兵士を弔っているが、近代以前の時代は今のような国立墓地はなかった。ものすごく位の高い将軍様ならいざ知らず、兵士は死んだ場所に埋められたのだ。そのように名もなく記録もなく、一カ所に何体かの屍を埋めた墓、7基が自分勝手に立っている。ある年の冬に一人で江華に来てここを訪ねた時、雪に埋もれた墓に花の籠が置かれていたので近づいてみた。「国家情報院情報大学院○○期修了生一同」とあった。19世紀の反米と、朴正熙時代の反米と、学生たちの反米と、情報大学院の同期生の反米無名勇士の墓地参拝が一つになって、妙な感じがした。

無名勇士の墓から5分ほど下って行くと、龍頭墩台が現れる。ソンドルモクの伝説〔高麗時代、江華島に避難する王様を乗せた船の船頭が強い風と波を避けようと提案したところ、疑われて殺されてしまった。毎年この事件が起きた時期に冷たい風が吹くとの伝説がある〕が伝わるこの地から海を眺めると、海というよりはあたかも浅瀬のごとく白く泡出ちながら水が急速に流れていく。江華島で指折りの絶景だが、門外漢が見ても一目で軍事要衝地であることがわかる。

ここでも、われわれは朴正熙が国防遺跡を復元しながら建てた「江華戦跡地浄化記念碑」にお目にかかることができる。無名勇士の碑と異なるのは、無名勇士の碑の文字は書芸家で名高い金忠顕《キムチュンヒョン》が書いたものだが、こちらの碑は朴正熙が自ら書いたという点だ。朴正熙はおよそ300点の揮毫を残し、この揮毫をまとめた『偉大な生涯』という本を1989年に刊行した。この碑は1977年に建てられたものなので、朴正熙の揮毫の中では比較的後期のものである。光化門のような扁額に比べれば、それでも上手く書けた方に入る。しかし、どこか表に出せるような文字では決してない。

第7章

未完の革命が埋もれている場所
国立4・19民主墓地

4・19学生革命が起きた直後、詩人の金洙暎《キムスヨン》は「まずあの野郎の写真を燃やして、便所に流そう」という詩を、興奮状態で書いた。

まずあの野郎の写真を燃やして、便所に流そう
あのうんざりする野郎の写真を燃やし
静かに下水に入れ／腐った汚物と決別しよう
あいつの銅像の立っていた場所には／民主主義の最初の柱を建て
倒れた聖なる学生らの雄々しい／記念の塔を建てよう
ああ　早く早く腐りきった昨日と決別しよう

北漢山の麓の水踰里《スユリ》には金洙暎が興奮して叫んだように、「倒れた聖なる学生らの雄々しい記念の塔」も建ち、民主主義の柱を象徴する石の柱も何本か建った。しかし金洙暎はこの詩を書いていくらもたたないころに、「革命は成し遂げられず、私は部屋を引っ越しただけだった」と述べ、「部屋を失い、落書きを失い、期待を失い、歌を失い、軽やか

4.19 革命が地に埋まっているここは現在「国立 4.19 民主墓地」だ

さまで失って」しまった自分自身を嘆かねばならなかった。そして5・16軍事反乱が起きた。反乱軍は4・19革命を「義挙」と呼び、5・16を「革命」と呼んだ。私たちは腐りきった昨日と決別できず、若者の血を沸かせた4・19は干からびた昨日になってしまった。学生らが立ち上がって世の中をひっくり返したが、今やこれ以上危険でも不穏でもない化石のような記憶になってしまった4・19革命。その4・19革命が地中に埋もれている場所が、ここ4・19墓地だ。今は名前も大層に「国立4・19民主墓地」になった。

1970年代後半の4・19

私が大学に入った1970年代の後半、ここ4・19墓地は実にわびしい場所だった。まだ5月の光州《クァンジュ》〔1980年〕も、熱かった6月抗争〔87年〕の歴史も作られていなかったそのころ、4・19は最先端の抵抗の象徴だった。4月になると学生も当局も緊張した。そのころは「運動圏《ウンドンクォン》」という言葉が登場する前だったが、運動する学生が多いサークルや学科、教会の新入生は、三々五々先輩に導かれ緊張した面持ちでここを訪れた。

当時の維新政権〔朴正熙政権〕は、1980年代の全斗煥《チョンドゥファン》政権が望月洞《マンウォルドン》の参拝を一切禁止したようなことはしなかったが、ずらっと停まっている戦闘警察隊のバスの横を通り過ぎ、レシーバーを耳にした目付きの悪いおじさんたちを後にしながら、4・19墓地に参拝に行くのはそれなりに緊張したものだった。

今でこそあれこれ施設ができ規模も大きくなったが、そのころの4・19墓地は本当にこじんまりした場所だった。それでもまだここはましだった。各学校にあった4・19記念塔はもっとわびしくものだっただろう。特にソウル大学の4・19記念塔は、おそらくもっともうらさびしいものだっただろう。1975年の「総合化」という名前のもとで冠岳《クァナク》キャンパスに移る際に、4・19記念塔は広場に位置することができなかった。ソウル大学構内とはいえ、図書館や教室がある場所から15分は登っていく山に、4・19記念塔はぽつんと立っている。

朴正熙《パクチョンヒ》が死んだ年の1979年の4・19の前日に、大学2年生の私は友人と4・19墓地を訪ねた。30年の歳月が流れたが、そのときのわびしい記憶を忘れることはない。その年に限って春が遅かったのか、春なのに春のような日ではなかったのか、私の記憶の中の水踰里4・19墓地の光景は、12月か1月のような寒々しいものだった。おそらくそのときは、半年後には維新独裁が崩壊することを知らなかったせいだろう。4・19と朴正熙は対極の関係だった。4月の革命精神を踏みにじったのが、5・16軍事反乱だったではないか。

4・19と5・16は、両者を共に革命と呼べない関係だった。5・16が「軍事革命」ならば4・19は「義挙」にならなければならず、4・19が「革命」ならば、5・16はその革命を挫折させた「軍事クーデタ」か「軍事反乱」か「政変」でなければならなかった。50年の歳月が経っても4・19は「未完の革命」と呼ばれている。4・19を未完の革命にしてしまったのがまさに5・16軍事反乱だった。

民主党政権が李承晩《イスンマン》政権よりもっと保守的で、時により反民主的だったために、一部の有力者らが当時5・16に少し期待していたことがあったのも事実だが、人々はすぐに悟った。朴正煕の登場は当時大学生だった申栄福《シンヨンボク》教授の言葉を借りると、「李承晩が拳銃を下げて帰ってきた」……。そんな朴正煕が権力を握っていたとき、4・19墓地が作られた。

4・19墓地の悲しい誕生

1960年に発生した4月革命は、馬山《マサン》3・15義挙〔大統領選挙の不正に反発し、馬山市で起きた大規模なデモ。4・19の導火線になった〕の犠牲者も合わせると185人の犠牲者を出した。朝鮮戦争を前後する時期には谷や村ごとに、200人、300人の遺体が散らばっていたが、戦争が終わり、このようにいっぺんに多くの人が死んだのは初めてのことだった。

幸い、李承晩政権が退陣したため、これら犠牲者に対する追悼と記念事業は迅速に進めることができた。1961年2月1日、張勉《チャンミョン》内閣は国務会議を経て、犠牲者らの公園墓地を設立することを決議した。しかし、5・16軍事反乱によって施工が遅れ1962年12月21日に、4月学生記念碑と墓地建立起工式が開かれることとなった。

着工当時は、4・19の3周年に合わせた竣工を目指していたが、工事が遅れてしまい、1963年9月20日に墓地竣工式と記念塔の除幕式が開催された。水踰里は、いまでこそ繁華街だが、当時は交通がとても不便なソウルの外れにあった。5・16軍事反乱が起きていなければ、4・19墓地は市内中心地に位置していただろう。4・19墓地がソウルのはずれに追いやられたのは、もしこの墓

国立 4.19 民主墓地内にある「正義の炎」。4.19 革命の歴史的な意味を炎の形で表した

地を都心に建設すれば、ここが軍事独裁政権に対する抵抗の集結地になるだろうという朴正熙政権の憂慮からであった。規模も現在の3分の1にもならない8000坪ほどで、とても狭かった。

4・19墓地は規模が小さいことも問題だが、内容や空間の配置でも多くの問題を露呈した。朴正熙政権が4・19墓地の設計ならびに造形物の製作を任せたのは彫刻家の金景承《キムギョンスン》だった。ソウル大学教授として在職中であった金景承は日帝の戦争の遂行と朝鮮統治に積極的に協力した美術界の代表的な親日の人物で、李承晩の銅像、マッカーサーの銅像なども彼によって手がけられ、朴正熙が政権を握った初期に、光化門《クァンファムン》に建った数多くの銅像のいくつかは彼の手によるものだった。

彫刻は機能なのだろうか、もしくは哲学が込められた芸術なのだろうか。親日の経歴をもつ彫刻家金景承が独立運動家の銅像も建て、民族主義者の銅像も建て、外国の将軍の銅像も建て、独裁者の銅像も建て、また民主主義のために血を流した若い魂を追悼する記念物を一手に作ったのである。最近は、記念碑、記念塔、墓地、追悼公園、展示館など、さまざまな記念施設をどう作るかについてしっかり検討するようになったが、その当時はそんなことをしなかったころだった。だから、ただ大きく、高くさえ作れば良いものと考えていた。

生きている者と死んだ者がどのように会って対話をするのかを考えるのではなく、生きている者の領域と死んだ者の領域を明確に分けてしまった。造形物も同様で垂直に高くそびえる記念塔を中心に完璧な左右対称をなしており、民主主義のために犠牲になった方を、とても権威主義的で上下がはっきり決まっている空間に閉じ込めておく感じだ。

１９８０年を経て、４・19には兄弟ができた。青年学生が覚えておかなければならない、いや覚えておくレベルではなく、とてつもない歴史的重みに耐えられずもがかなければならなかった５月光州に出会うことになる。５月光州にかすんで、４・19は１９８０年代の青年学生にはあまりに遠い話であり、少し乱暴に言ってしまえば、それ自体の意味が尊重されないまま、５月光州に向かうウォーミングアップ期間に位置付けられてきた。４・19が再評価され、４・19墓地が国立４・19民主墓地に格上げされたのは、うさんくさい民主化が始まった文民政府の時期のことだった。

金泳三《キムヨンサム》政権は、１９９３年４・19墓地に対する「聖域化」事業を始めた。何を記念するかということは大変政治的な行為であるが、政治行為にも高尚な行為と俗悪な行為がある。４・19墓地を国立４・19民主墓地に昇格させたことは、一見意味のあることに思えるが、実情は見え透いた行動だった。文民政府が登場した時期は5月光州の復権がもっとも熱く議論された時期だった。文民政府としても光州の復権は避けて通れない差し迫った課題だった。ところが、金泳三にとって光州を復権させることは、金大中と湖南《ホナム》〔全羅道《チョルラド》〕の地位を高めるものと思えたのである。金泳三政権は光州が韓国の民主化運動の代名詞になることを避けようと、4・19の位置づけを高めはじめたのである。金泳三の故郷である馬山は、4・19の導火線になった3・15義挙が起きた場所であり、望月洞の5・18墓地が国立墓地に指定されるとき、4・19墓地と3・15墓地も同時に国立墓地に指定された。

10代の感受性が作りだした革命

さほど純粋な意図によるものではなかったが、長い間、放置されてきた4・19墓地が国立墓地に昇格されたことで、一定の変化が起きることとなった。何よりも空間が大幅に広がった。しかし、4・19墓地を聖域化したことで、既存の4・19墓地が抱えていた問題点がむしろ大きくなった。そうでなくても、4・19革命の意義に不釣り合いな権威づけは、聖域化事業で一層権威的になっていった。

国立墓地への格上げ後、逆にださくなってしまった代表的なものを挙げるとすれば、墓地の東側の丘に大きくチョウセンヒメツゲの木を切って整え、「国家報勲処」〔国家に功労のあった人を礼遇し支援する行政部署〕と書いたことだ。墓地に向かって上がっていくときには見えないが、参拝を終えて深い思いにひたり、頭を上げて周囲を見渡した人々が腰を抜かすほど驚くような「作品」なのだ。4・19の理念だった「民主」や「自由」をそうやって書いたとしてもとても見るに忍びないのに、そこへ「国家報勲処」などと書く無謀さはいったいどこから来たのだろうか。

墓地の後ろ側には遺影奉安所がある。この奉安所は墓地竣工当時にあったものではなく、1970年代初めに設けられたものだそうだ。いまでは墓域にも小さく円形で亡くなった方の写真を飾っている。墓地を見て左手の第1墓域は主に4・19革命当時に亡くなった方を埋葬し、右手の第2墓域は当時負傷してその後亡くなった方々を主に埋葬した。第1墓域はいっぱいだが、第2墓域は半分も埋まらなかった。ここには当時負傷はしなかったが、4・19革命の功労者に選ばれ、建国褒章を受けた方々が死亡した後に埋葬される場所だという。

墓地の東にある丘にはチョウセンヒメツゲの木を刈って大きく「国家報勲処」と書いている。国立墓地に格上げした後、逆にダサくなった代表例

墓地で目につくのは、ここに奉られている方々の相当数が大学生ではなく、中学生や高校生、さらには小学生だったという点だ。4・19革命という歴史的事件の発端は、知識人や大学生によるものではなかった。キャンドルデモがそうだったように、4・19は中学生、高校生が先頭に立って起きた大事件だった。それも

朝鮮戦争が終わって満7年も経たずに起きた事件だった。

米国に留学していたころ、私はある白人労働者とともにビラを配ったことがあった。米国人の社長に踏み倒された賃金を受け取りに行った韓国ＰＩＣＯ労働組合の女性たちを支援するビラだった。米国でビラを配るということは、韓国とは異なり、まったく危険なことではないものの、人々が無関心なので逆に大変なことだ。

ビラをさほど長い時間配ったわけではないけれど、私は人々の無関心や、こんなものを配りやがってという感じの軽蔑が混じった視線のせいで極度に疲れていた。ところが、隣を見ると、当時50代だったその白人労働者はあまりに気丈にビラを配っていたのだった。その日のビラをすべて配り終えた後、私たち二人はビールを一緒に飲んだ。ジョッキを傾けながら私は彼に聞いてみた。私は疲れて死にそうだったけど、あなたはどこからそんな元気が出て、ひるまずに配っていたのか……。彼が目を輝かせながら答えた。「おまえは4・19を知っているか？」私は彼がぶっきらぼうに4・19を持ちだしたことに首をひねりはしたものの、「知ってるよ」と答えた。彼は、自分は4・19の力でいまもなおひるむことなくビラを配るのだと答えた。私は驚いてそれはどういうことなのかと尋ねた。

米国中部の非常に貧しい白人家庭で生まれた彼は、20歳になったとき、貧しさから脱出するため軍隊に入隊し、4・19直前に駐韓米軍として韓国に配属されたという。彼は夢を見るかのように回想にふけり言葉をつづけた。「おまえ、あのことを知ってるか？　当時のソウルがどんな様子だったのか？　まだ戦争の廃墟が残っていて、道端には物乞いの人や失業者があふれていたんだ。俺も米国でとても貧しい暮らしをしてたけど、世の中にこんな所があるんだって驚いたんだ。早く汚くて希望のない韓国から抜け出したかった。ところが、4・19が起きたんだ。俺よりもっと幼い中学生、高校生たちが立ち上がったら政権を変えてしまったんだ。世の中をひっくり返したわけさ。それが、朝鮮戦争が終わって、満7年にならないときだった」。自分より幼い学生が世の中を変えてしまったショック、そのショックのせいで彼はその日以降、世の中の変化について考えるようになり、社会主義労働運動家になったのである。

あ、これが4月革命の力だったんだ。私は韓国で大学院まで近現代史を学んだが、少なくとも4・19についてだけは、この日、一番衝撃的な勉強ができたのである。韓国では一般的に4月革命の主役が大学生だったと記憶しているが、大学生が初めてデモを行ったのは、4月14日の全北《チョンブク》大学の学生であり、ソウルではそれも4月18日になって高麗《コリョ》大学の学生が国会議事堂に乗り込んだのが初めてだった。彼ら高麗大学の学生が学校に戻る途中、政治やくざの襲撃を受けたため、次の日、大学生が一斉に街にあふれ出てきて、警察の発砲により流血事態が起きたのである。しかし2・28から50日近く、民主主義を叫んだのは主に高校生たちだった。3・1独立運動も、4・19も、キャンドルデモもみんな10代の感受性が作りだした事件だった。4・19の主役が中高校生だとしたら、4月革命を称えるもっとも悲しい弔詞は、発砲現場からさほど離れていない場所に位置する寿松《スソン》小学校の生徒、カン・ミョンヒが書いた。

私は知ってます

あぁ……悲しい
朝、空が明るくなりはじめると／駆けっこの音が聞こえてきます
夕日が消えるときには／パンパンパンと銃声が聞こえてきます
朝日と夕日は／兄さんと姉さんの／血で染まります

兄さんと姉さんは／かばんを抱え
なぜ銃に撃たれたのでしょう

モノを盗んだのでしょうか／強盗をしたのでしょうか
何か悪いことをしたから
昼も食べず／夜も食べず／言葉なく倒れたのでしょうか
とめどなく　とめどなく／涙が出ます
忘れることのできない4月19日
学校からの帰り道／銃弾が飛び交い／血が道を覆うけれど
さみしく残されたかばん／重たかった

私は知ってます、私たちは知ってます／母さん、父さんが何も言わなくても

兄さん、姉さんたちが／なぜ血を流したのかを
兄さんと姉さんたちが／学んでいた学校で／学んでいた机で
私たちは兄さんと姉さんたちの／後についていきます

世の中が大変だと子どもたちは早く物心がつくものだ。すでに小学生は母や父が何も言わなくても、兄さん、姉さんたちがなぜ血を流したのかを知ってしまった。15歳の中学2年生のチン・ヨンスクという少女は、「私たちでなければだれがデモをするんですか？」という遺書を残し、命をかけて闘いに出て銃弾に撃たれ、ここ水踰里に眠っている。こんな幼い学生たちの治療を優先してほしいと、手術を頑として拒んで出血多量で息を引き取ったソウル大学の学生キム・チホもここに眠っている。

未完の革命、未完の記念

4月革命の歴史を思い浮かべながら、もっとも残念なことはいつの間にか韓国社会を覆い包んだ地域主義だ。30年あまりの軍事独裁と保守大連合の3党統合を経て、慶尚道《キョンサンド》は保守勢力の牙城になったが、4月革命は慶尚道から始まった。学生らが民主党副大統領候補だった張勉の選挙遊説を聞きに行くのを防ぐため、日曜日も登校させようとしたことに反発し、大邱《テグ》の高校生らが2月28日、民主主義を救おうというスローガンを掲げ、大々的なデモを行った。これが4月革命の導火線にな

った大邱２・28事件だ。

ひどい不正選挙が行われた３月15日、１万人以上の市民が集まり、激しいデモを繰り広げたのが馬山だった。この日、馬山で警察の発砲で９人が死亡、行方不明になった金朱烈《キムジュヨル》君の遺体は、約１カ月近くが経過した４月11日、催涙弾がささったむごたらしい姿で海から上がった。またたく間に集まった馬山市民の数は３万人を超え、警察が再び発砲し、二人がまた犠牲になった。このように、慶尚道は４月革命を宿し、出産したふるさとだった。しかし、慶尚道地域の民主化運動の勢いは、大邱・慶尚北道《キョンサンブクト》地域では１９７４年の人民革命党再建委員会事件によって削がれ、釜山・慶尚南道地域では１９７９年の釜馬《プマ》抗争と１９８７年の６月抗争時まで続いてきたが、１９９０年の３党統合以降、急激に弱まった。

金泳三政権の聖域化事業で、国立４・19民主

墓域にはまだ空いている場所が多い。ここには 4.19 革命の功労者が埋葬されるという

墓地には地上2階、地下1階の総512坪規模の「4・19革命記念館」という展示施設が入ることになった。1階展示室には4・19革命の年表、背景、展開過程、意義など、さまざまな写真と当時発表された宣言文などが展示されており、2階には4・19革命の歴史的意義と再評価に対する情報検索ができ、当時不正選挙が行われたころに使用された投票箱や、デモの群衆に発砲した警察の銃などを展示した遺物展示コーナーがある。歴史記念施設の専門家であるチョン・ホギ博士によると、4・19革命記念館の展示物は1995年開館以来、ただの一度の改編もなくそのままで保たれているという。現在この記念館は2010年1月のリニューアルオープンを目指して工事が進められている。

未完の革命になってしまった4月革命を称える作業は、やはり未完でしかないようだ。4月革命は民主の場を開いただけでなく、統一と親日清算の扉を大きく開いた。ところが、4・19墓地のどこにも、統一と親日清算に向けた気運は見つけられない。4・19が起きたのは1960年、解放から数えて15年に満たず、戦争が終わってからも7年しか経っていない。4・19が起きる9カ月前の1959年7月、進歩党党首曺奉岩《チョボンアム》（121ページ参照）が平和統一を主張した罪で刑場の露となった。平和統一を口にすることは李承晩独裁政権下ではそれこそ死罪だったが、4・19は統一への道を大きく開くことになった。

自由党よりもっと保守的で、親米的な民主党政権は、反共法と、集会や示威に関する法律を通じて、青年学生たちの統一熱を冷まそうとしたが、青年学生たちは「行こう　北へ！　来たれ　南に！　会おう　板門店で」というスローガンを掲げ南北学生会談を推進した。韓国の学生運動史上、おそらくもっとも扇動的だったと思われるこのスローガンの「行こう　北へ」という言葉は、象徴的な「行こう」という意味ではなく、本当に行こうというものだった。当時20歳の大学生は、朝鮮戦争当時は10歳だった。「ママ、先に行くよ。早く来てね」と母の手を離して、避難の道に上った10歳の少年が、10年の間がまんしていた恋しさに声を張り上げたのがまさにこのスローガンだった。そんな切実さがあったのでこのスローガンはいま聞いてもじんとくる。

統一すれば本当に多くのことが変わってくるだろうが、特に変わるのは軍隊と親日清算の問題だろう。現在、南北朝鮮で軍服を着ている若者は２００万に肉薄するが、統一祖国になれば、人生のもっとも美しい時期にある若者たちにこんなにも多く軍服を着せ、地球上でもっとも非生産的な活動に従事させることはなくなるのではないか。統一すれば、軍隊は当然大々的に減らさなければならない。

また、北朝鮮は親日残滓の清算をしっかりしたが、南は親日残滓の清算がまったくできていない。顔の半分は洗ってもう半分は汚れをそのまま残しているありさまだ。統一されれば、汚れを分けなければいけないのだろうか、それとも顔全体をきれいに洗わなければいけないのだろうか。統一するということは、南で死にかけて生き返った親日派には、災難なことだったのである。統一について、軍隊が危機感を持ち、親日派が危機感を持つのであれば、一番大きな危機感を持ったのは、まさに軍隊にいる親日派だった。朴正熙一味が命をかけて軍事反乱を起こしたのも偶然ではない。4・19と5・16が決して和解できない根本的理由もここにある。

まだ韓国人が5月光州を経験する以前、5・16軍事反乱勢力が権力を握っていたとき、4月はとてもさびしかった。4月になれば人々は「4月は最も残酷な月」というエリオットの詩をそらんじ、春が訪れても春のようでないという「春来不似春」を吟じながら盃を傾けた。追悼曲はどんなものでも悲しいものだが、もろい心を持つ古い世代の詩調詩人である李永道《イヨンド》が若い魂を慰めるために書いた「ツツジ」という歌は、歌詞も悲しく、曲も悲しく、歌った後は歌った人も悲しくなった。

まぶしいね　向こうに爛漫《らんまん》とお墓ごとに
あの日倒れていった若者のような花が
積もった恨が裂けるかのようにゆらゆら赤く染まる

そのようにおまえたちは行き　恥辱のように残った命
疲れ果てた心の上には空が重くのしかかり
恋々と夢も恨めしい　赤く染まったこの山河

この闇の中で自由の鐘を乱打した人々はみんなどこに行ってしまったのだろうか。ここに眠る200人ではなく、あの日、通りを埋め尽くしたあの人たちはどこに行ってしまったのだろうか。4・19が起きて18年後、金光圭《キムグァンギュ》は「かすかな昔の恋の影」で革命の主体から、もはや革命が怖い既成世代になってしまった自分たちの立場を、低いけれども真摯な声で歌いながら、自分たちの世代を問い返した。「恥ずかしくないのか／恥ずかしくないのか」と……。

疲れた心で苦労しながら残った命を生きているときは、それでも人々は恥じることを知っていた。いま、4・19世代はどの辺りにいるのだろうか。20年後、6月抗争世代はどの辺りにいるのだろうか。さらに20年後、キャンドルを初めて持った子どもたちはどの辺りにいるのだろうか。あの日、倒れていった若者のような花壇が横たわるここ4・19墓地は、そんな質問を投げかける場所だ。しかし、一時自由の鐘を乱打した手で独裁を褒め称える文章を書きながら恥じることを知らず、いや、恥じる者を「アカ」だと煽るそんな人々が4・19墓地を作ったことで、ここは死者と生きる者が正直に向き合うにはぎこちない空間になってしまった。4月革命は、依然として未完であり、造園がとてもうまくいって花が咲き乱れても、4・19墓地は依然として悲しい空間でしかないのである。

第8章

ソウル、民主化運動の足跡を追って

恐怖政治の舞台「南山《ナムサン》」と
民主化の聖地「明洞聖堂《ミョンドンソンダン》」

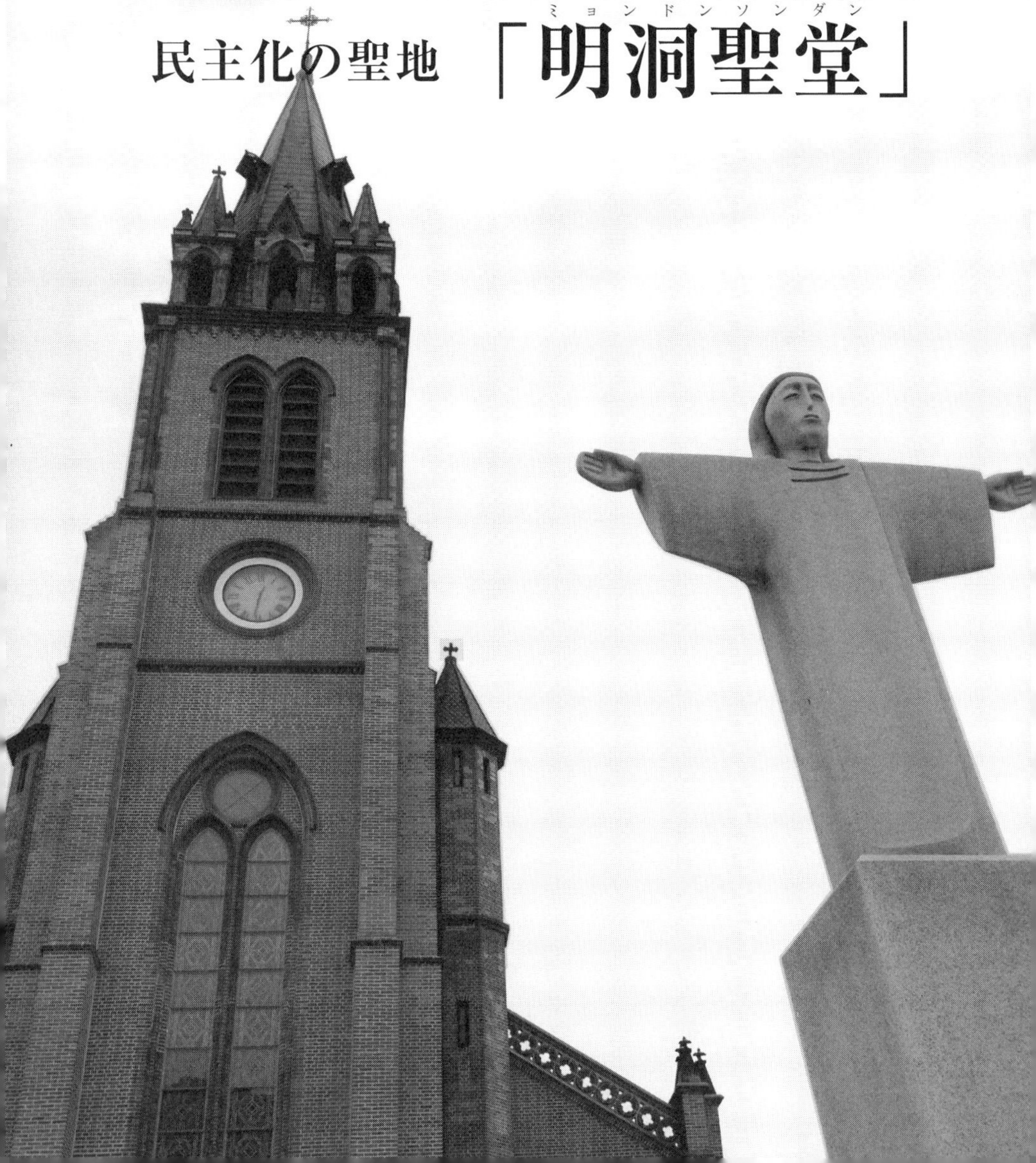

南山《ナムサン》といえばソウルの南山を浮かべるだろうが、実は南山はどこにでもある。村の前にある山を南山と呼ぶからだ。しかし、1970～80年代、大韓民国にはもう一つの南山があった。中央情報部と安全企画部の別名がまさに南山だった。この恐ろしい南山もどこにでもあった。いつも監視されているという感じ、自分の一挙手一投足を南山からすべてのぞき見られているという感じ。それがまさに朴正熙《パクチョンヒ》、全斗煥《チョンドゥファン》が活用した恐怖政治の力の源であった。

どれだけひどかったかというと、韓国で一番ありふれていた被害妄想の症状が、国家情報院が自分を殺そうとしている、監視しているというものだったのだ。そんな尋常でない時期を送ったことで、私たちは発狂しようにも美しく発狂できなかったのである。MBCニュースデスクを見ていたらある人物が乱入し、「私の耳に盗聴器が付いています」と叫んだ場面は、韓国の30代以上の誰もが覚えているだろう。

中央情報部と安全企画部の別の名称、南山

その中央情報部と安全企画部の国内部門が入っていた建物が、いまの南山のソウルユースホステルだ。この地下室に引っ張られ拷問された人の数はどれくらいになるだろうか。3年の間、「国家情報院過去事件真実究明を通じた発展委員会」委員として、中央情報部と安全企画部の国家暴力の事例を調査した私でも見当がつかないのだから、これをどこに行って聞けばいいのだろうか。

講演やセミナーがあってソウルユースホステルに行くことになると、私はあのうら寂しい所で、

明洞からＮソウルタワーを見ながら、南山を上ると道案内が出てくる。これらの建物〔ソウル総合防災センター、ソウルユースホステル、ソウル特別市庁南山別館、文学の家ソウル〕はすべて、以前、安全企画部のものだった

気持ちよく寝られるのか疑ってしまう。あの場所は若い旅行客を泊める場所ではない。私はここそが民主化運動記念館か、人権記念館が入らなければならない場所だと信じている。現場の歴史性から離れ、何を記憶して、何を記念するのか。頓珍漢な用途に使われていることに呆れてしまうが、それでも建物そのものが残っていることは幸いなことだ。

アウシュビッツ博物館が人々の心に響くのは、当時の建物が原型のままで保存されている点が一役買っている。当時の建物をすべて取り壊してとんでもない場所に超現代風の記念館を建てたとすれば、あれだけの生々しい印象を与えられるだろうか。

歴史に対する野蛮、南山ルネサンス

２００６年、この場所をユースホステルにしてしまったことも大変間違ったことではあるが、ソウル市はすでに安全企画部の建物を取り壊そうとしている。２００９年3月5日、ソウル市長の呉世勲《オセフン》は、南山の生態環境および歴史遺産復元を目指す「南山ルネサンス」総合計画案を発表したが、この計画案によると、以前の中央情報部の建物である均衡発展本部庁舎や消防防災本部、交通放送の建物および市庁別館など、南山の中の建物を撤去し、その代わりに歴史的価値があるソウル城郭やのろし台などを復元するというのだ。ソウルの城郭とのろし台をいま「復元」するといっても、歴史的に意味のない複製品にすぎない。中央情報部と安全企画部はどんなところだったのか。国家の上の国家として君臨し、男性を女性に、女性を男性に変えること以外には不可能なことがないほどの権力を振りかざしていた場所が南山ではなかったのか。

ここで行われた国家暴力は、大韓民国という国家の原罪ともいえるものである。罪を犯した人間は許せるが、罪の痕跡は消してはならない。中央情報部が振りかざした恐怖政治の恩恵を受けた者が依然として韓国社会を支配しており、彼らは罪の痕跡さえも消してしまいたいと思っている。

ここが人権記念館や過去清算の記念館になるのであれば、成長する若者たちが韓国で再びこのような不幸なことが起きてはいけないと心の中で何度も誓う場所になるだろう。なんの罪もない人を捕まえて、2、3カ月もの間安全企画部の地下室で逆さまに吊るし、めちゃくちゃに殴って、スパイをでっちあげたあの勢力は、過去を認めることも、告白も、反省も、謝罪も、許しを請うこともないまま、ただ罪の痕跡だけを消してしまおうとしている。

安全企画部があった付近は、もともと日帝の朝鮮統監府があった場所だ。いまユースホステルに向かって上がっていくと、中間に大きなイチョウやケヤキがある場所がある。ここは日帝の統監邸があった場所だ。ここが特別な意味を持つ理由は、まさにこの場所で1910年8月22日、日韓

安全企画部国内部門があった場所が今のソウルユースホステル

安全企画部部長の公館だった家は「文学の家ソウル」に変わった

併合条約が秘密裏に締結されたからである。

500年の歴史を持つ王朝の最後は、あまりに惨憺たるものだった。日本の軍隊が宮廷を占領し、皇帝を引っ張り出して大臣たちを殺戮したならばむしろ良かったかもしれない。何かの商取引をするかのように、契約書を交わすかのごとく印鑑を押し、500年もの歴史を持つ国を渡したのである。それも統監の寝室で。その日の夜、寺内正毅（統監）は400年以上前の文禄・慶長の役の当時、朝鮮侵略の先鋒であった「小早川隆景、加藤清正、小西行長がこの世にいたならば、この夜のあの月をどんな目で見ただろうか」と詠んだ。総督府のナンバー2である政務総監は、「豊臣秀吉を土の中から掘り起こし、翻る日の丸を見せてあげよう」という詩で応えた。南山はこのように5000年の歴史のもっとも恥辱の瞬間を目撃した場所だ。

統監官邸の建物は、日帝末期には日本の朝鮮統治を誇示する展示館として使われた。第二共和国のころ、ここに総理公館を作ろうとしていたという新聞記事が残っているが、鼻息の荒い中央情報部が入ったからなのか、いつどうやって建物が取り壊されたかという記録さえも残っていない。そういったことで、国が奪われた現場も、長い間私たちの記憶から忘れ去られた。

日本は南山から朝鮮に入ってきた。文禄・慶長の役の際、日本軍が駐屯して日本式の城を築いたからと「倭城台《ウェソンデ》」と名付けられた場所には日本の公使館が入った。現在のアニメーションセンター一帯だが、1905年の第二次日韓協約以後、統監府が位置した。ここ南山の北側にある芸場洞《イェジャンドン》辺りが日本統治の中心部だった。南山の西南側に位置する龍山《ヨンサン》には日本軍司令部が入り、筆洞《ピルトン》側には憲兵隊の建物が位置した。厚岩洞《ファムドン》から南山の山裾をぐるっと回り、筆洞、奨忠洞《チャンチュンドン》まで、日本人居住地が形成された。

日帝は、奨忠壇《チャンチュンダン》の上、いまの新羅ホテルの場所に博文寺《パンムンサ》というものを建てた。安重根《アンジュングン》の銃に撃たれ死んだ初代統監伊藤博文を称える寺だった。もともと奨忠壇は乙未事変当時、体を張って日本の浪人を止めて犠牲になった朝鮮の忠臣を称える場所だった。日帝はその奨忠壇を見下ろせる場所に伊藤のための寺を建て、その後の上海事変当時、侵略の先鋒となった肉弾三勇士の銅像も建ててしまった。朝鮮神宮、京城神社、日露戦争の司令官で軍神と崇められた乃木希典の神社、そしていまの解放村《ヘバンチョン》には護国神社など、われわれの心の故郷である南山には日本の亡霊がうじゃうじゃしていた。

ソウル総合防災センター。外から見ると小さな建物だが、ここの地下にはソウル市内の状況を一目で見られる状況室がある。ここはかつて安全企画部の地下バンカーだった

中央情報部が軍隊のかまぼこ型兵舎何棟かを作って始動した場所は、まさに国が奪われた屈辱の現場である統監官邸のすぐ裏の丘だった。いまのユースホステルである中央情報部南山本部は、この丘のすぐ横にあった。土地にも運命があるのだろうか。20世紀前半、韓国の歴史にもっとも大きな傷を残した屈辱の現場が、20世紀後半、韓国の歴史のもっとも暗い時期、拷問や工作活動、査察の本山である中央情報部の場所と隣接している。

　統監府の顧問政治《コムンチョンチ》〔外交上の重要事項は日本政府と協議し決める〕は、中央情報部と安全企画部の拷問政治《コムンチョンチ》につながったのだ。私たちはよく解放後の親日残滓を清算できなかったことが軍事独裁を生んだというが、大日本帝国の帝国主義の侵略が韓国の軍事独裁とこうやって似通っていることを忘れてしまっていた。眼光鋭い中央情報部と安全企画部がふんぞり返っていたので、私たちは南山に近づけず、国が奪われた恥辱の現場はそうやって放ったらかしになってしまった。帝国主義による侵略の罪業の上に軍事独裁の罪業が幾重にも重なる間、私たちは国を奪われ、南山を奪われ、民主主義を奪われ、記憶を奪われた。私たちの輝かしい金属活字文化を花咲かせた鋳字所があった痕跡は、中央情報部の面会所に転落した「鋳字派出所」の名にわびしく残っただけだった。

　日帝から軍事独裁につながった心の痛む歴史の生きた跡を消し去り、何事もなかったかのように、模造品の塀とのろし台を置くことが歴史の復元なのだろうか。それは歴史に対する犯罪でしかない。これは「南山ルネサンス」ではなく、南山に対する野蛮であり歴史犯罪だ。過去の罪は許せても、罪の痕跡は消してはいけない。

　２００９年８月28日、筆者と小説家のソ・ヘソン氏は、チソン和尚、文正鉉《ムンジョンヒョン》神父、法眼《ポバン》和尚、鄭《チョン》鎮宇《ジヌ》牧師、チョン・サンドク教務ら宗教家や、李海東《イヘドン》牧師、姜萬吉《カンマンギル》教授のように、中央情報部に引っ張られ苦労を強いられた方々、尹汝雋《ユンヨジュン》元環境部長官のように安全企画部に勤務していた人、千正培《チョンジョンベ》、朴元淳《パクウォンスン》、金亨泰《キムヒョンテ》弁護士のように人権弁護士として弁護のために安全企画部に出入りしていた人々を招き、南山安全企画部の建物の保存と統監官邸の復元を求める記者会見を開いた。保守と進歩という理念の違いを越えて、一度毀損されれば戻すことのできない歴史遺跡を守ろうという志を共にした人々が急遽集まり、「歴史を拓く人々《キヨク》」という団体を作ったりもした。

「歴史を拓く人々」は、統監官邸を復元し、胸の痛む歴史を教育する現場にして、すぐ隣の安全企画部の建物をアジア人権平和センターとして活用する夢を持っている。アジアのすべての国が帝国主義の侵略を経験し、開発独裁でひどい状況になったか、あるいはひどい状況が進行中だ。韓国は大きな犠牲を払い今も多くの問題を抱えているが、他のアジア諸国に比べ貧困からいち早く脱した。帝国主義がとぐろを巻いた場所であり、独裁の本山で拷問などの人権侵害をほしいままにしていた空間が、明日の人権や平和のための空間に形を変えるのであれば、それ自体が拷問などの被害に遭った人々に癒しのきっかけになるだけでなく、アジア諸国に対する人権や民主化に向けた重大なメッセージになるだろう。

　中央情報部や安全企画部は権力だけが強大だったのではなく組織も膨大だった。安全企画部の建物と聞くと、一般人は1棟だけだったと思うだろうが、本館だったユースホステルを中心に全部で40あまりに及ぶ建物があったのだ。これまで多くは取り壊されたというが、今も本部はユースホステルとして、数多くのでっち上げスパイを作り上げてきた対共捜査局の建物はソウル市庁の南山別館として、国内の政治問題を扱っていた恐怖の6局《ユックク》（当時の人々はよく「肉局《ユックク》」と書いた）〔中央情報部で大学など学園捜査を担当していた部局〕は均衡発展本部として、陸軍本部の地下バンカー〔防空壕〕と同じ機能を持っていた中央情報部の地下バンカーは消防防災センター状況室として、安全企画部部長公館は文学の館として、その他の別館やさまざまな建物は交通放送、消防防災本部など、ソウル市の別館になっている。南山の安全企画部跡地から明洞聖堂を経て市庁前広場や清渓《チョンゲ》広場、光化門《クァンファムン》広場をつなぐ場所は民主主義の聖地として末長く記憶されなければならない。

もともと中央情報部本部は現在の韓国芸術総合学校が位置する石串洞《ソックァンドン》にあったが、１９７２年李厚洛《イフラク》が中央情報部部長だった頃、南山に国内部門を移した。中央情報部部長も石串洞よりは青瓦台《チョンワデ》にずっと近いこの場所に主に滞在し、時には青瓦台の目と鼻の先にある宮井洞《クンジョンドン》などの中央情報部安家《アンガ》（安全家屋）にも滞在した。

むごたらしい拷問はユースホステル地下室や6局、対共捜査局で多く行われた。今、消防防災センターの状況室になっている中央情報部地下バンカーは、「飛ぶ鳥も落とす」と言われた中央情報部の勢いを象徴する。有事の際、国家元首が軍を指揮しなければならないバンカーが陸軍本部だけでなく、中央情報部にもあったのである。

バンカーの存在は中央情報部が「情報」だけを扱う場所ではなかったことを実感させる。歴史は偶然の出来事によって流れが変わることが多い。歴史に「たられば」はないというが、このバンカーを見れば、私は１９７９年10月26日の夜の運命をよく思い浮かべる。

もし中央情報部部長金載圭《キムジェギュ》が朴正煕を射殺した後、陸軍参謀総長の鄭昇和《チョンスンファ》の言葉を聞いて陸軍本部に行かずに南山の中央情報部に入ってこのバンカーで国務委員たちを集めたなら歴史はどうなっただろうか？　朝鮮半島の総合的な軍事状況を一目で把握できるように作られた電光板があったであろう場所には、大型のディスプレイが分割して、ソウル市内のあちらこちらの火災状況を映している。

民主化運動の歴史的現場、明洞聖堂

軍事独裁の象徴である中央情報部や安全企画部から歩いて10分ほどの場所に、しばしば「民主化の聖地」と呼ばれる明洞聖堂がある。明洞の昔の名前は明禮坊《ミョンネバン》だった。ここは1784年李承薫《イスンフン》らによって最初の信仰共同体が作られた場所であり、世界天主教会史によると、宣教師が派遣されることなく現地住民の間で信仰共同体が作られたのは、朝鮮が初めてだったという。

そんな由緒ある場所にカトリックは大きな聖堂を建てようとした。ところが聖堂を作るのは想像以上に大変だった。宮廷を見下ろす場所に、宮廷よりも高い尖塔を作ろうとしたので、政府が許可しなかったのである。明洞聖堂は位置の問題で長い間もつれたが1894年に工事を始め、1898年になってやっと完成した。現在では周辺の高層ビルに囲まれ遠くからはあまりよく見えないが、110年余り前に完成したときの明洞聖堂は威風堂々とした姿を誇っていた。明洞聖堂は平地ではなく、丘の上に位置しており、当時ははるかに目立っていた。一言で言って、明洞聖堂の完成は漢陽《ハニャン》のスカイラインを変えてしまった事件だった。

丘の上の高い場所に鐘を吊り下げていたことから鐘峴《チョンヒョン》と呼び、聖堂の名称も当初は鐘峴聖堂だったが、１９４５年の解放を迎え明洞聖堂に変えた。日本の植民地支配末期に戦争物資が不足すると日帝は各家庭の台所までくまなく探して真鍮の器を奪っていったが、明洞聖堂の鐘をも奪おうとした。盧基南《ノギナム》主教は親日行為の容疑からは逃れられないものの、頑強に抵抗して鐘を差し出しはしなかった。しかし、明洞聖堂は解放のその日までこの鐘を鳴らすことができなかった。

一般の人にはあまり知られていないが、明洞聖堂の地下にはヨーロッパの聖堂のように、聖者の亡骸を安置した地下墓地があり、ここに眠っているのは１８６６年に迫害を受けた殉教者たちだという。四大門の内側には墓を立ててはならないという朝鮮の掟も、開化や外国勢力の力の前では引っ込めざるをえなかった。

ソウル白《ペク》病院の方から明洞聖堂の入り口に到着すると、ここがあの19歳の李在明《イジェミョン》が１９０９年12月22日に李完用《イワニョン》を刺した場所という標石が建っている。李在明のナイフに刺された人力車の運転手は命を落としたが、李完用は肩や背中などを刺され多くの血を流したものの運良く一命を取り留めた。李在明は併合直後の１９１０年9月13日、西大門《ソデムン》刑務所で死刑が執行された。

韓国のカトリック教会が独立運動に寄与したところはほとんどない。しかし、民主化運動に関してはカトリック教会の役割を抜きにしては考えられないほど大きく寄与した。１９６０年の4月革命後に民主党政権を率いた張勉《チャンミョン》総理は敬虔なカトリック教徒であり、民主党政権とカトリック教会は深い関係を結んでいた。そのため、民主党政権を転覆した朴正熙政権に対しては穏やかな関係ではなかったといえる。ここに、２００９年1月に亡くなった金寿煥《キムスファン》枢機卿がカトリックの若い指導

明洞聖堂は民主化の聖地であるとともに民主市民の心の故郷だった

者として登場した。1969年4月30日に彼は47歳の若さで枢機卿に叙任されたのである。

現代韓国の宗教指導者の中で金寿煥枢機卿ほど宗派を越え広汎な支持と尊敬を受けた人物は見当たらない。1972年の維新以降、すべての人が恐ろしさのあまり沈黙していた時、維新政権を正面から批判したのも金寿煥枢機卿をはじめとした良心的宗教家たちだった。

1970年代の初めまで地上波放送局は12月24日夜のクリスマスミサを中継していた。しかし、1971年のクリスマスミサの中継で金寿煥枢機卿が「もし現在の社会不条理を克服できなければわが国は独裁、もしくは暴力革命の二者択一のすさまじい運命に直面」するかもしれないと、朴正熙政権を強く批判したことで、翌年からはクリスマスミサの生中継をテレビで見ることができなくなった。1970年代から80年代にかけて金寿煥枢機卿ほど民主化運動の支柱役になった人はおらず、明洞聖堂ほど民主化運動の歴史的な現場になった場所もなかった。

朴正熙政権は1974年、原州《ウォンジュ》教区の池学淳《チハクスン》主教を、反維新運動を行う民青学連の学生らに資金を渡したとの理由で拘束してしまった。この蛮行は若い神父たちを刺激し、カトリック正義具現祭団が結成されるきっかけとなった。その後司祭団は暗闇を照らすろうそくになり、苦しむ人々を慰める温かい救いの手となった。朴正熙政権が人民革命党事件をでっち上げ8人を死刑にした時も文正鉉神父ら司祭が強く抗議した。1970年代の民主化運動では宗教界の役割が特に大きかったが、これは宗教家の場合、共産主義のシンパであると疑われることから比較的自由であり、外国とのつながりも深かったからだ。

人民革命党事件の関連者に対する死刑執行直後、サイゴンが陥落し南ベトナムが北ベトナムに吸収された。この出来事は、韓国にも衝撃をもたらし、しばらくの間、民主化運動が弱まった。特に、「鮮明野党」を旗印に反維新闘争の先頭に立っていた新民党総裁の金泳三《キムヨンサム》は朴正熙との領袖会談以降、急に矛先を弱めてしまった。萎縮していた民主化運動は1976年3月1日、明洞聖堂で挙行された3・1独立運動記念日の記念ミサを通じて息を吹き返した。

このミサに続いて行われたカトリックとプロテスタントの合同祈祷会では、尹潽善《ユンボソン》、金大中《キムデジュン》、咸錫憲《ハムソッコン》、鄭一亨《チョンイリョン》、金観錫《キムグァンソク》、尹攀熊《ユンバヌン》、文東煥《ムンドンファン》、李文永《イムニョン》、安炳茂《アンビョンム》、徐南同《ソナムドン》、李愚貞《イウジョン》、殷明基《ウンミョンギ》ら12名が署名した「民主救国宣言」が発表されたが、この宣言は朴正熙の辞職を直接要求したものだった。祈祷会は平穏に終わったものの、中央情報部は翌日から連行を始め、関連者11名を逮捕した。デモも籠城もない静かな祈祷会だったが、維新政権はこれを「政府転覆扇動事件」と決めつけた。この事件はその後、「明洞3・1事件」と呼ばれるようになった。

今は閉じてしまったわれわれのアゴラ

明洞聖堂は1987年6月抗争でも中心的な歴史の現場になった。6月抗争の発端は1987年1月14日、朴鍾哲《パクチョンチョル》という大学生が南営洞《ナミョンドン》に位置していた治安本部対共分室で拷問を受けて亡くなったことだといえよう。韓国の市民はこの悲劇的な死を見過ごしはしなかった。

朴鍾哲君の母と姉が泣きながら鐘を打つ写真は見る者の心を締め付け、朴鍾哲君を川に流しながら父が言った言葉「鍾哲、気をつけてな。この親は何も言うことがないんだ」は韓国の全ての父親の胸を空っぽにした。

第5共和国政権は、当初机をパンと叩いたら「おえっ」と言って死んだととんでもないことを言って拷問の事実を否定したが、結局拷問した警官2名を逮捕せざるをえなかった。ところがカトリック正義具現全国司祭団は5月18日、明洞聖堂で開かれた光州《クァンジュ》抗争7周年追悼ミサで「朴鍾哲君拷問致死事件の真相がでっち上げられた」という声明を発表し、大きな衝撃を与えた。

このように6月抗争の直接的な導火線を提供した明洞聖堂は6月10日、再び時代の流れを変える歴史の現場になった。6月10日の国民大会は大成功だった。多くの市民は久しぶりにしっかりデモができたと満足そうに帰宅したが、明洞一帯でデモを行った数百人の市民や青年、学生はそのまま帰ることはできなかった。

誰かが「明洞聖堂に行こう」と叫び、デモ隊は何の計画もなしに、何の準備もなく、誰か指導部もなく、そのまま明洞聖堂に押し寄せた。籠城はこうやって始まり、この籠城がなければ1987年にあの熱い6月抗争が可能だったか誰も断言できなかっただろう。

何の準備もなく籠城を始めた市民や学生らを温かく迎えてくれたのは、彼らより先に明洞聖堂で籠城していた上渓洞《サンゲドン》の撤去民だった。再開発により立ち退きを強制された貧民らが長期籠城するために持ち込んだ米を炊いたご飯を食べながらデモ隊は明洞聖堂で堪え、これが6月抗争の火種となったのである。一言で言って、6月抗争は、韓国の民主化運動は、貧民に大きな借りがあるのである。民主化運動は労働者、農民、貧民の要求を反映するとき力を発揮でき、彼らとかけ離れ知識人や運動家たちだけの運動になったとき力を失った。

1980年代、特に1987年は民主化運動で明洞聖堂が最も目立った時期だった。しかし、1980年代は明洞聖堂のホームページで説明されている通り、「1980年の光州を体験した世代は1970年代式の『隠れ家としての教会』の枠を飛び出し独自の運動組織を結成しはじめ、教会の政治的役割は相対的に減少していく趨勢」を経験していた。

一方、1987年6月抗争によって、とても制限的ではあるものの民主化の初歩的な要求を実現したことで、新しい世代の青年、学生らは統一という新たな課題を訴えた。明洞聖堂は統一という新たな課題が民族、民主運動の中心課題に浮上した場面をとても悲劇的な形で目撃することとなった。明洞聖堂青年連合会所属カトリック民俗研究会で活動していた大学生の趙城晩《チョソンマン》が明洞聖堂文化館の屋上で割腹し身を投げたのである。

「痩せた地、朝鮮半島で生まれ人を愛そうとした一人の人間〔キリスト〕が祖国統一を願いながらこの文を差し上げます」で始まり、「今この瞬間も目に浮かぶ父、母の顔。発つことのできない道を発とうとする瞬間に、痩せたパレスチナの地に大工の息子として生まれたある人間が苦行の前に感じた気持ちがわかるような気がします」と結んだ彼の切々たる遺書は多くの人々の心を開き、統一問題を残された者たちの胸に刻みつけた。

市民が広場を奪われた時代、市民が他のいかなる隠れ場所も持てなかった暗鬱だった軍事独裁の時代、明洞聖堂は心にこびりついた恨（ハン）を吐露できるアゴラであり、傷ついた動物が追われた末に登った木の枝のような場所だった。これは明洞聖堂やカトリック教会が望んでそうなったそうなっただけではなかった。それが時代の要求であり、市民は本当に他に行く場所がなかったのでである。

6月抗争以降にも多くの人々が自らの問題を抱え明洞聖堂を訪れた。しかし、時代の変化によってカトリック教会や明洞聖堂の態度も徐々に変わっていった。明洞聖堂は民主化の聖地であり、宗教を越えて民主市民にとっての心の故郷であった。しかし、故郷の土地の持ち主は別にいた。聖堂はこれ以上行く場所もなく訪れた人々を温かく迎えてくれはしなかった。籠城の場所として建物を貸すこともなく、施設利用も簡単ではなくなった。

いつからか籠城や記者会見の場所は明洞聖堂ではなく、明洞聖堂の入り口に変わってしまった。国家保安法廃止などを訴え断食闘争をするとき、多くの人々は道路を挟んだ向こう側にある中華料理屋から漂ううまそうなジャージャー麺の匂いよりも、変わってしまった心の故郷のせいで苦労した。明洞聖堂の美しい姿は変わらず、聖母マリアの憐憫の眼差しも変わらず、ジャージャー麺の匂いも変わらないのだが……。

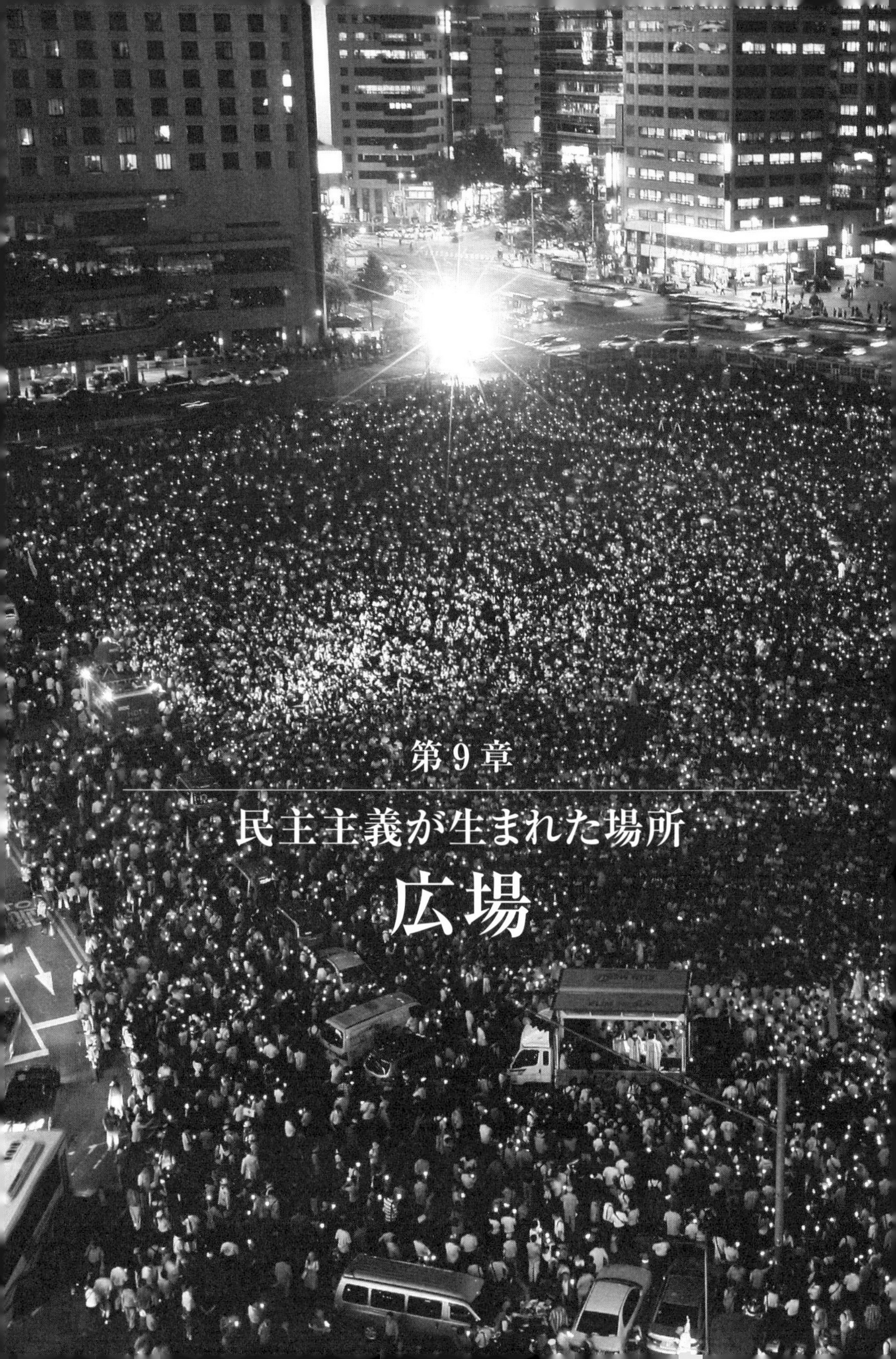

第９章

民主主義が生まれた場所
広場

広場がなければ民主主義もなかった。言うまでもなく独裁者も広場を必要とした。人でいっぱいになった広場で「ハイル・ヒトラー!」と敬礼する場面は、民主市民にとっては鳥肌が立つことだが、独裁者個人にとってはまさにじーんとくる瞬間だっただろう。なくてはならない必要な場所、しかし平時には空いている場所、それが広場だ。

人がいるからこそ楽しいし、人が多ければ頻繁に行きたい場所、それが広場だ。ソウルのど真ん中、光化門《クァンファムン》からソウル駅までは「広場通り」と言っても過言ではない。光化門広場から清渓《チョンゲ》広場、市庁前のソウル広場、南大門《ナムデムン》前広場、ソウル駅広場に至るまで、五つの広場がつながっている。南大門前広場では特に集会をした経験はないが、ほかの場所はひときわ紆余曲折の多かった韓国現代史のおかげで、市民団体活動を活発に行っている人であれば誰もがそこで開かれた集会に何度も参加した経験があるだろう。今日は、これらの広場の中で光化門広場、清渓広場、ソウル広場に立ち寄るつもりだ。

民主主義の歴史はすべて広場で成し遂げられた。そのような意味で広場は都市工学者が作ったのではなく、民衆が作った空間だった。不幸にも韓国の現代史は長い間広場が奪われていた。いつからか人が集まれる広場は汝矣島《ヨイド》の5・16広場しか残っていなかった。

民主主義を踏みにじった軍事クーデタの日付を冠したぞっとする名前のごとく、この広場は民主主義が呼吸する場ではなく、政権を称える者だけが集まったり、または彼らが招集したりした集会を開く場所になってしまった。私が中高生のころを送った維新時代〔1972~79年〕は、恒例行事のごとく麻浦《マポ》から5・16広場まで歩き、金日成《キムイルソン》のかかしを燃やしたものだった。このころの広場は動員された人々が集会を行っていた場所だった。いつどんな集会があるのかを自分で探し、人々が自分の足で家族や友だちと三々五々集まる21世紀の広場とは雰囲気がまったく異なっていた。

広場が奪われた時代

維新時代は本当に息苦しかった。濡れ衣を着せられて死刑になった人民革命党の遺族が新聞社を回って「切手大で構わないからこの事情を新聞に載せてほしい」とお願いしたものの、どの新聞もそんな事情を載せてはくれなかった。大学キャンパス内でさえ、私服の警察数百人がベンチに座わり、ローマの兵隊のような鎮圧服を着た警察も10台余りの連行用の警察車両とともに待機していた状況だった。コミュニケーションは完全に遮断されていた。

学内デモでさえ重い刑に処せられていたころ、一部の大学生はどうせなら各大学が連合して光化門でデモを行おうと謀議した。1978年6月26日、光化門ではソウル市内の大学生の連合デモが開催されたが、あまりに警備がものものしいので、デモの真似事さえできず鎮圧されてしまった。そのとき、光化門のアスファルトを踏んだ人のうち、捕らえられた学生20名余りは1年から2年の懲役を送らなければならなかった。1964年の「6・3抗争」（日韓国交正常化に反対して起きたデモ）以降、学生のデモ隊が光化門にまで進出したことはほぼなかったが、今回は学生が個別に光化門に集まって奇襲的にデモを断行したのである。しかし、そうやってまで光化門のアスファルトを踏んだことが罪になって1年以上冷や飯を食わなければならなかったが、光化門はそれほどすごい

2009年5月26日、ソウルの徳寿宮前に設けられた故盧武鉉元大統領の焼香所。ここを取り囲んでいた「警察バスのバリケード」が警察官の包囲網に代わったものの、ソウル広場は依然として警察バスによって封鎖されている。© オーマイニュース

場所であり、維新もまたそれほどひどい独裁であった。

その朴正熙《パクチョンヒ》が死んで、学生が光化門の地を再び踏むことができたのは半年以上の歳月が流れた後だった。維新の長い冬が終わり、1980年に「ソウルの春」が訪れたが、学生らは街頭への進出をめぐって長い論争ばかり行っていた。学生らが街に出れば軍を刺激するだろうし、軍がしゃしゃり出る口実を与えてしまうと心配する人々が多かったのである。論争が過熱しても結論が出なかったところ一部の学生が街頭に出てしまった。

学生らの街頭進出が既成事実化した翌日の5月14日には、ソウル市内のあらゆる大学から学生が街頭へとあふれ出てきた。「ソウルの春」という特殊な状況のせいだったのか、学生らの街頭進出を心の中

では望んでいた新軍部の作戦のせいなのかわからないが、学生らはその日の夕方、光化門一帯で大手を振って歩くことができた。その次の日も学生らは街頭に進出した。今度は警察が南大門一帯にバリケードを張り、学生らはソウル駅広場を埋め尽くした。そして、いわゆる「ソウル駅回軍」〔デモを続けるかどうかを各大学代表が議論した結果、軍投入による流血事態を避けるため、いったん解散を決めたこと〕の決定が下された2日後、新軍部は5・17非常戒厳全国拡大措置を取った。そして、光州《クァンジュ》を経てわれわれは民主主義と広場を共に失った。

1987年6月抗争の際、われわれは再び広場の地を踏んだ。催涙弾の犠牲になった李韓烈《イハニョル》君を送った日だった。まさに悪辣だった軍事独裁政権は、独裁権力に抗って犠牲になった人々の遺体を奪っていくことがたびたびあった。そのため、7月5日に李韓烈君が息を引き取った後には、多くの学生が遺体の安置されている新村《シンチョン》セブランス病院付近で2、3日徹夜した。そのせいで、おごそかな告別式の会場では、多くの若者が病にかかった鶏のように、うとうと居眠りを始めてしまった。李韓烈君の遺影を先頭にした行列について100万人の人の波が市庁前広場を埋め尽くした。6月抗争の間中、李韓烈君の身に何かあったらどうしようかと、学生は学生なりに、軍事政権は軍事政権なりに気をもんでいた。収拾できない事態が起きるかもしれないとの憂慮からだった。李韓烈君は大統領の直接選挙制を受け入れるとの盧泰愚《ノテウ》の発表、つまり6・29宣言がされてようやく天国へと旅立った。

その李韓烈君を送る道に誰も想像できなかった100万の人の波が押し寄せた。そのころ、私は6月抗争の1カ月間、催涙ガスに体が慣れきっていたと思っていたが、そうではなかった。

100万の人波の先頭が市庁を過ぎ、光化門で戦闘警察と対峙しはじめてからどれほどの時間が経っただろうか。警察がペッパーフォッグをむやみやたらに撃ち始めた。催涙弾の中で、比較的我慢できそうだったのがペッパーフォッグだったが、何日かの徹夜で疲れた身は、ペッパーフォッグ1発でむなしく崩れ落ちた。武橋洞《ムギョドン》の路地裏に逃げ込んで気を取り直し、もしかして人々がまた集まるのではないかと行ってみた太平路《テピョンノ》は主を失った片方だけの靴でいっぱいだった。あの熱いアスファルトの上を片方の靴だけ履いてどうやって歩いたのだろうか？　1987年以降、ぐらついていた韓国民主主義の悲しい歩みが脳裏に浮かんだ。

ワールドカップと取り戻した広場

軍事独裁の間、韓国社会は長らく広場を奪われていた。民主化が始まっても独裁政権に飼いならされ過ぎていたからなのか、広場を取り戻す考えもなかった。平和博物館代表の建築家鄭奇鎔《チョンギヨン》は「都心の中に立派な広場の一つも持たない市民は、市民でなく住民でしかない」と述べたことがあった。われわれは、立派な広場がいくつもあっても、そこに足を踏み入れる考えさえ持たない飼いならされた住民でしかなかったのだった。

広場は予想外の形でわれわれの元にやって来た。2002年サッカー・ワールドカップが始まったのである。現代詩人の申庚林《シンギョンリム》の詩に、「出来の悪い奴はお互い顔を見ただけでうきうきする」というものがあるが、サッカーも集まって見れば一層楽しいらしい。光化門交差点には東亜日報《トンアイルボ》や朝《チョ》

2002年6月25日、サッカーW杯準決勝「韓国対ドイツ」戦を応援する街の光景。© オーマイニュース

鮮日報《ソンイルボ》が設置した超大型スクリーンがあり、サッカーを楽しむには素晴らしすぎる場所だった。楽しいじゃないか。ソウルのど真ん中に座ってキムパプを食べながらサッカーを見るというのは……。ところが、韓国の代表チームがあまりに健闘したのである。主催国なのでベスト16は可能ではないかと控えめに期待したが、ベスト8、ベスト4へと駆け上がるので嬉しいというほかない。予選で脱落していればたった3回集まればよかったのだが、ベスト4にまで上ったので7回も広場に集まることができた。政府も市民が集まって楽しむのを止める理由がなかった。ポルトガル戦で勝利した後には、自然に市民が夜遅くまで街を歩き回った。

人々は光化門や市庁を埋め尽くした赤いTシャツの人の波を見ながら、「もう大韓民国がレッドコンプレックス〔共産主義に対する嫌悪から赤色に極度に反感を持つこと〕を脱した」と語った。ところが、その後に起こったことを見れば、大韓民国がレッドコンプレックスを脱したようには思えない。ただ市民、特に若者たちが広場を自分たちのものだと思いはじめた。広場に集まり7回も笑って騒いで歌って踊った人々は言うまでもなく、広場は自分たちが集まれる場所だと思うようになったのである。数十万の人の波が集まって熱い夜を送っても、翌朝になれば、いつそんなことがあったのかというように、広場はきれいに掃除されていた。広場を楽しんだ人々が後片付けもしっかりしたのである。これを見てみんないつでも自分たちが広場を心置きなく利用できるという自信を持ったはずだ。ワールドカップの経験はレッドコンプレックスを振り払うことはできなかったかもしれないが、これから広場はまさに自分たちのものだということを確認させてくれた。

女子中学生事件と広場の復活

広場は祝祭の場であるが、討論の場であり、また悲しみを分かち合う場でもある。ワールドカップが、喜びを共にし、喜びを倍にするそんな広場を取り戻させたとすれば、この年の11月と12月に開かれた米軍の装甲車によって犠牲になった二人の女子中学生を追悼するキャンドル集会は、堪えきれない悲しみを持った人々が集まり、慰め合い、癒しを与え合う空間としての広場をわれわれに取り戻させた。

われわれがワールドカップの熱気で熱くなっていた6月13日、京畿道楊州郡《キョンギドヤンジュ》では道を歩いていた女子中学生二人が米軍の装甲車にひかれ命を失う不幸な事件が起きた。この事件のことを一部の市

2002 年の最後の夜、光化門に米軍装甲車によって亡くなった女子中学生ヒョスンとミソンを追悼するために集まった市民がキャンドル・デモを行なっている様子。© オーマイニュース

民運動団体や地域の同輩の学生らが粘り強く問題提起を訴えていたが、全国的に関心を引くことはなかった。しかし、裁判にかけられていた装甲車を運転していた米軍兵士たちが、11月になって2人とも無罪で釈放されたことで世論の注目を浴びるようになった。

道を歩いていた子どもたちが2人も死んだのに、誰のせいでもないとは。じゃあ、その時その道を歩いていた子どもたちが悪いとでもいうのだろうか。あまりにひどい現実に市民らは言葉を失った。その時、「アンマ」というIDを使った若者がインターネットを通じて二人の少女を追悼するキャンドル集会を開こうと提案した。アンマはその書き込みで「私たちは光化門を歩く資格のある大韓民国の主たちです」と強調した。

われわれが広場を失っていた間、われわれには別の広場ができた。それがインターネットだ。アンマの提案はインターネットを通じてあちこちに広まっていった。ネチズン〔ネット市民〕たちはこの書き込みを自分がよく利用する掲示板サイトや同好会、コミュニティ、クラブなどに着々と広めていった。主催や準備団体、事前企画も全くなしに、初めの提案がされてから3日で光化門に1万個のキャンドルが燃え上がった。考えもしなかった民主主義に私たちは市庁前で再会した。週刊誌『ハンギョレ21』(437号)はその時の光景を次のように書いている。

「出ていけ――感動のこだま」

即席でアンプを借り、マイクを借り、司会者を選ぶ。まるで人気ドラマに登場した田舎の家で行われるお祝いの風景だった。プログラムなんかないんだ。ただ言いたいことがある人が前に出て「米軍が憎い」「ブッシュは嫌いだ」「ＳＯＦＡ（韓米地位協定）はいい加減」と言っては人々が拍手して……。それに「この先、一週間に何度集まるか多数決で決めましょう」と言えば、人々が手を挙げ、それを司会者がカウントし、一週間に一度行うことに決まったり。これには本当に面食らった。でも、これが本当の民主主義なんだ。間接民主主義というのは投票用紙1枚を靴1足で買えるふざけたものだし。人が誰でも発言でき、その発言が意思決定に反映されるのは、本当の美しい光景だった。おじさんも以前、恋愛の数だけ数百回も集会に参加したが、こんな大規模な集会でこんな情景は初めてだった。今、２５００年前のアクロポリスが光化門に復活したのだ。

はつらつとした戒めが溢れる広場

米軍装甲車にひき殺されたミソンとヒョスンの追悼集会によって広場を取り戻した大衆は、1年が少し過ぎ、再び広場に立った。盧武鉉《ノムヒョン》大統領が弾劾されたのである。２００４年3月12日、弾劾が可決された日、国会議事堂がある汝矣島《ヨイド》では泣き叫ぶ声や怒号があふれ返った。１９９1年、姜慶大《カンギョンデ》君が戦闘警察に殴られて亡くなった後に相次いだ「焼身自殺政局」〔約2カ月の間に10人が焼身自殺した〕のような悲劇が繰り返されるのではないかと心配になるほどだった。大衆も怒りやなげかわしさで光化門交差点に繰り出した。ところが！　先に出てきた人々が作った広場の雰囲気は全く別のものだった。楽しそうに踊っていたり、舞台では「ブラボー、ブラボー、パパの青春」といったノリのいい歌が流れていた。２００2年のキャンドルデモの時はもっと多くの人々が集まっ

2004 年3月 20 日、ソウル市庁前のプラザホテルから見た盧武鉉大統領の弾劾無効を訴えるキャンドル・デモの全景。光化門から徳寿宮の大漢門の前まで、キャンドルが海を成した。© オーマイニュース

たが、こんな雰囲気ではなかった。

「出来の悪い奴はお互い顔を見るだけでうきうきする」というが、ミソンとヒョスンの死を追悼する場が楽しいはずはない。しかし、弾劾時は全く異なった雰囲気だった。私たちが取り戻した広場やインターネットで作った新しい広場では、はつらつとした報復と愉快な戒めが溢れていた。弾劾反対集会は祭りだった。総選挙を控え、民主主義の勝利を確実に示すことができるという自信は、自らの手で選んだ大統領が弾劾され、危機に陥っているという不安を振り払うには十分だった。警察との緊張もさほどなかった。大衆は勝利を予約していたのでのんびりしており、警察に対する指揮権は大衆が救おうとしている参与政府（盧武鉉政権）にあったので、大衆と警察が衝突することもなかった。だからだろうか、大衆は夜になるとみんな家に帰ってのん

びりと休んだ。まだ広場は大衆が徹夜したり寝たりする場所にまで進化してはいなかった。

２００８年のキャンドル集会〔李明博《イミョンバク》政権の米国産牛肉の輸入再開に反対する集会〕で、大衆と広場はまさに新たに生まれ変わった。キャンドルは、広場の末っ子格である清渓広場で始まった。当初、女子学生が「清渓広場で集まろう」との書き込みをインターネットにした時、誰も多くの人が集まるとは予想していなかった。ところが1万人が集まり、集会がいきいきとして楽しいので毎日毎日集まるようになり、集まる人の数も増えていった。毎日清渓広場に集まること17回、集会でのスローガンのごとく「耳の穴にコンクリートが入っている」のか、李明博政権は謝罪はしたものの対話はしようとしなかった。親しい友人に17回も話して何の反応もなければその関係は壊れるものだ。

誰かが青瓦台に行こうと叫び、隊列は自然に清渓広場から離れていった。だからと言って遠くに行ったわけではなかった。たった1ブロック先の光化門郵便局に移っただけである。警察が遮ったものの、大衆はそれを突破しようという積極的な意志は示さなかった。その代わり、大衆は警察のバリケードの前に座り込み、家に帰ろうとはしなかった。はじめ大衆は時局に関する討論を繰り広げていたが、片方ではのど自慢モードに入り、もう片方では友達同士コンビニでビールを買ってきてちびちびと飲み始めた。都市の煤煙もおさまり、遅い春の深夜に光化門交差点に座り込んでビールを飲む爽やかさといったら……。ミソンとヒョスンの追悼集会の時も、弾劾反対集会の時も、この広場がわれわれのものだという感じはしたが、光化門交差点に気楽に座ってビールを一口飲んでみると、まさにこの広場はわれわれのものだと実感した。

6月10日のキャンドル集会は、おそらく光化門交差点から崇礼門《スンネムン》広場まで、人をいっぱいにすれば何人が入るのかを試すために用意された集会のようだった。いかなるカメラの、いかなるアングルもその日に集まった人々をすべて捉えることはできなかった。人が多く集まる場所が広場といわれるが、どうやったらこんなに多くの人が集まれるのか? 通常の集会ならば、民主労総(全国民主労働総連盟)や全教組(全国教職員労働組合)や韓総連(韓国大学総学生会連合)といった幟《のぼり》がはためいているが、この日は違った。ミソンとヒョスンの追悼集会当時の幟論争やキャンドル集会初期の幟論争はもはや意味を失ったようだった。政治とは何の関係もない、名前も馴染みのないインターネットのさまざまな同好会が、各々自分らの幟を個性的に作ってきた。幟がなかったら、あの凄まじい数の群衆の中から自分が所属する同好会をどうやって探し出せるだろうか?

デモ隊が景福宮《キョンボックン》前まで進出した5月31日の夜は、朝鮮戦争時を除き、おそらく史上最大の数の人々が野宿した日だったと思う。広場が巨大な国民の合宿所に変わった。もはや人々は初めからキャンプの準備をして市庁前広場を訪れたりした。集会もし、デモもし、討論もし、歌も歌い、踊りも踊り、公演もし、映像も流し、モノも売り、署名も集め、酒も飲み、寝たり、ほっつき歩いたりもして、広場はまさにありとあらゆる人々が集まり、あらゆることを行うといった空間だった。その多くの人々はなぜ家に帰らなかったのだろうか? 家より広場のほうが楽しかったからだ。いかなる映画も真似のできない劇的な歴史がわれわれの手によって作られていた。大統領を間違って選んでしまったが、広場に足を踏み入れている限り、私たちは幸せだった。

2009年5月26日、ソウルの徳寿宮前に設けられた故盧武鉉元大統領の焼香所。ここを取り囲んでいた「警察バスのバリケード」が警察官の包囲網に代わったものの、ソウル広場は依然として警察バスによって封鎖されている。© オーマイニュース

奪われた広場

キャンドルデモは非暴力の力を示した。非暴力だったから警察も暴力的な鎮圧をするのは難しく、警察の暴力がない安全な祝祭だったから人々は家族と一緒にくり出し、若い母親は子どもをベビーカーに乗せて出てきた。安全だったから多くの人々が安心して参加し、多くの人々が参加したから集会はより安全になった。このように弾みがついていくキャンドル集会に李明博政権は我慢ならなかった。キャンドル集会にあまりに多くの人が集まったので、一部の人々が警察とのバリケードを挟んで若干の暴力を行使することがたまに起きた。政府や保守系メディアはこれを口実に、キャンドル集会に「暴力集会」というレッテルを貼ろうとした。これはとんでもないこじつけだったが、5、6月の2カ月にわたる祝

祭は警察がむやみに暴力を行使したことで幕を閉じようとした。

警察の暴力に押され、市民は広場を奪われた。そして広場には見苦しい警察バスの壁が築かれた。「明博山城《ミョンバクサンソン》」は冷やかしの対象だったが、われわれの広場をぐるりと取り囲んで立ちはだかったバスの壁は、われわれの胸に傷を残した。私たちはまた広場を奪われたのだ。広場が奪われたということは大衆の討論が奪われたことであり、大衆のコミュニケーションが奪われたことであり、大衆の祝祭が奪われたことであり、私たちみんなの民主主義が奪われたことである。

大衆がこの広場に再び立てたのは2009年5月29日、盧武鉉《ノムヒョン》大統領を送る〔国民葬が行われた〕ためだった。喜びとはつらさが溢れていた広場は涙の海になった。葬いの期間中、警察バスの壁が築かれていた広場は、この日1日だけ開放された。1919年に高宗《コジョン》が亡くなった時、悲しんだ民衆がこの広場を訪れた。あの凶悪な日帝でさえ国を失った民衆が悲しむ空間を奪いはしなかった。ところが李明博政権は告別式のたった1日、広場を開放しただけだった。告別式が終わった翌日の5月30日の夜中、警察は大漢門《テハンムン》前の焼香所を壊し、広場に再び警察バスで壁を築いた。

国葬が終わった夜、私は広場で酔っぱらうほど酒を飲んだ。ほぼ1年ぶりに足を踏み入れた馴染みのあるアスファルトだった。誰かがまた広場に立った感想はどうかと聞いてきた。私はこう答えた。「これはわれわれの広場なのに、われわれの広場にまた立つことはこんなに大変なんですね。盧武鉉大統領を差し出しても、私たちがこの広場に踏み入ることができるのは一度だけなんですね。ここはそれほど高い土地なんですね」。奪われた広場。奪われたことでより大切になった広場。がらんとした広場の片隅で、私は取り戻すべき民主主義を考えてみるのだ。

第10章

外来の文物が上陸していた関門
仁川《インチョン》　チャイナタウンと自由公園

ソウルにはないものがなく何でもある。そんなソウルにないものを挙げるとすればチャイナタウンだ。東南アジアに行けば華やかなチャイナタウンがあり、華僑が商売を掌握していたり、掌握まではしていなくともその国の経済で重要な比重を占めていることは容易に見ることができる。ところが、韓国では華僑が商売を掌握することはもちろん、ろくに経済活動ができずにおり、チャイナタウンもない。いや、ないというよりなくなったというのが正確であろう。

韓国唯一のチャイナタウン

ソウルのど真ん中にある小公洞《ソゴンドン》、北清洞《プクチョンドン》、明洞《ミョンドン》一帯がチャイナタウンだった。小公洞といえば、徳寿宮《トクスグン》の前にあるので、宮殿の前にチャイナタウンが形成されたことになる。ソウルで地価が最も高い場所にあったソウルのチャイナタウンは、１９７０年代初め、朴正熙《パクチョンヒ》政権の開発政策と華僑に対する弾圧と差別に押されてなくなってしまった。私が幼い頃は、現在のプラザホテルの裏にある聚英楼《チュィヨンヌ》に行って水餃子を食べるのが豪勢な外食であり、たまさか現在のロッテホテルの場所にあった雅叙園《アソウォン》に行って清料理でも食べることになれば最高の贅沢だった。

華僑たちが腕をふるっていた由緒ある「中国屋《チュングクチプ》〔中国料理店〕」は開発に押され店を閉じたり、延禧洞《ヨニドン》や延南洞《ヨンナムドン》一帯に追いやられたりした。今も延禧洞一帯に行くと「華商」と書かれた「中国屋」を見ることができる。韓国の言語の習慣で、日本料理の店は「日食屋《イルシクチプ》」または「和食屋《ファシクチプ》」と呼び、西洋料理の店は「洋食屋《ヤンシクチプ》」や国の名前を付けて「フランス飲食店」「イタリア飲食店」などと呼ぶ。ところが、中国料理の店は「中国屋」だ。1970年代初め、韓国華僑の80％近くが中国飲食店に従事していたので、そんな言い方になるのもさもありそうなことだ。

ソウルをはじめ、都市の中心地に位置していたチャイナタウンは全てなくなり、仁川《インチョン》1カ所だけが残った。仁川は1883年、朝鮮で3番目に開港した場所であり、中国人や日本人が多く入ってきて暮らし、朝鮮で初めてチャイナタウンができた場所だ。仁川のチャイナタウンは仁川駅のすぐ前にある。1930年代、京城《キョンソン》の粋人にとっては汽車に乗って仁川に行って清料理を食べ、月尾島《ウォルミド》で船遊びをするのが一種の流行のように広まったという。地下鉄1号線の終着駅である仁川駅の駅舎は、最近の華やかでポストモダン的なその他の大都市の新しい駅舎とは異なり、とてもさびれている。

駅の広場の正面には、チャイナタウンがある場所を示す牌楼《はいろう》〔門〕がそびえ立っている。牌楼とは、同種事業に従事する人々が住んでいた地域である坊の入り口に建てた門楼だが、世界各地のチャイナタウンに行くと必ず入り口に牌楼が建っている。ところが、現在私たちが見る牌楼は古いものではなく、2000年になって中国威海市の寄贈で建てられたものである。牌楼を過ぎて坂を上がれば色とりどりの旗と看板が見えるが、これらの建物のほとんどはここ数年の間に作られた新しい店だ。

仁川のチャイナタウンも細々と命脈を保ってきたが見る影もなく衰退していった。しかし、1997年末に起きたアジア通貨危機の後、再び活気を取り戻しはじめた。120年余りの間、さまざまな差別に苦しめられてきた華僑の境遇も、永住権問題が解決されるなど、多くが改善されはじめた。それは、韓国社会が少数者の人権擁護に急に目覚めたからではなかった。

アジア通貨危機以降、韓国は海外資本の誘致に躍起になり、その過程で華僑資本の誘致も重要課題に浮上した。ところが、韓国に投資するために現地事情を調べに来た海外の華僑資本家たちは、韓国で長い間行われてきた華僑に対する差別と華僑たちの劣悪な経済的境遇に驚愕した。

チャイナタウンもなく、華僑出身の資本家や著名人もおらず、華僑人口が減り続けてきたことで、韓国の弾圧や差別がどれだけひどかったかがわかる。これでは、華僑資本の誘致が遅々として進まないのは当然で、政府は急いで華僑に対する法的、制度的差別をなくし、彼らの境遇を少しでも改善しようとしたのである。一時期、ソウルの漢江《ハンガン》沿いにあるトゥクソムに大規模なチャイナタウンを作ろうという話もあったが、そんな計画は立ち消えとなり、仁川のチャイナタウンの彩りだけを直すことになったのである。

「ジャージャー麺」の歴史、華僑の歴史

丘を上って右に曲がれば、そこはチャイナタウンの中心通りで、その名前も「ジャージャー麺通り」だ。いつだったか、国立国語研究院で「チャジャン麺（짜장면）」は表記法上「ジャジャン麺（자장면）」と書くのが正しいと主張してからというもの、一部媒体や出版物では「ジャジャン麺」と書いている（2011年より両表記とも認められることになった）。しかし、私はこれまで「チャジャン麺」を売っている飲食店で「チャジャン麺」を注文するのであり、「ジャジャン麺」という食

チャイナタウンの中心、ジャージャー麺通り

べ物は食べたことがない。漢字音「チャクチャン（炸醤）麺」と「チャジャン麺」の間にある歴史性や韓国と中国で人々が実際どう発音しているのかを無視して「ジャジャン麺」にこだわるというのはもどかしいことだ。

ここがジャージャー麺通りと呼ばれるようになったのは、道が終わる近辺の右の路地に「共和春《コンファチュン》」という飲食店があるからだ。今では店を閉めたため荒れてしまい、半分ほど消えて朽ちてしまった木の看板だけが残っている〔２０１２年よりこの建物は仁川市が運営するジャージャー麺博物館になっている。近くに店名が同じ中国料理店があるが、関連はない〕が、共和春はかなり長い歴史のある飲食店で、ここがよくジャージャー麺を初めて作って売り出した店だといわれている。ところが、最近ＳＢＳで放送されたドキュメンタリーを見ると、90歳以上の高齢になる華僑の元シェフたちは皆そんな俗説に首を傾げた。ジャージャー麺の歴史は共和春がオープンする前から始まっていたというのである。

ジャージャー麺の歴史は華僑の歴史と言っても過言ではない。世界に広くまたがっている華僑たちが主に広東省、広西省など、中国の南西地方出身である反面、韓国の華僑は山東省出身がほとんどである。ジャージャー麺は山東省地方の食べ物で、韓国に渡ってきて韓国人の口に合わせて変わっていった。山東の人々は家を出るとき、布を切るはさみ、髪を切るはさみ、そして食べ物を作る包丁の三つを持ったという話があるが、実際韓国の華僑は主に反物屋、理髪店、飲食店などを多く経営した。しかし、今では「絹売りの王さん」もおらず、華僑が経営していた理髪店は50代の中でも覚えている人が稀になるほどとっくになくなり、今は中国料理店が残るだけである。

なくなったのはそれだけではない。私が幼かった頃は華僑が経営していた漢方医院が多かったが、その頃は漢方医院を漢字で「漢医院」と書いていた。それが１９８６年に医療法を改定したことによって表記そのものを「韓医学」「韓医院」「韓医師」に直すことになったのである。これにより韓方医学大学が作られ、韓方医の免許取得が難しくなり、それよりも外国国籍者の国家資格試験の受験が制限されたため、漢医院や漢医師が決定的になくなることとなった。

ジャージャー麺通りで一番大きくて歴史のある店が「豊味《プンミ》」だが、その向かい側には「同順泰《トンスンテ》」という雑貨店がある。同順泰といえば、日本の植民地下、朝鮮で税金を最もたくさん払った譚傑生《タンジェーシェン》という華僑が経営していた貿易商ではないか。日本が中国を軍事的に侵略する前の１９２０年代は、韓国でも同じく華僑がとても活発な経済活動を行い、実業界で頭角を現していた。

華僑の境遇は、１９３１年に日本が満州を軍事的に占領したことで急速に悪化しはじめた。満州侵略が起きる2カ月前には凄まじい反中国人暴動が起き、少なくとも150人を超える華僑が命を失った。韓国の歴史の本には、この事件の導火線になった万宝山《マンボサン》事件〔1931年、中国吉林省で朝鮮の農民と中国の農民が水路をめぐって衝突した事件〕という、満州で起きた中国人と朝鮮移民の衝突については詳しく書かれているが、この事件が日帝の情報操作によって朝鮮に誤って伝わったために発生した反中国人暴動であることについては一言も登場しない。

韓国では、どこかで騒動が起きると「ホットク屋で火事が起きた」とよくいう。この言葉がいつできたのかわからないが、1931年7月初めの反中国人暴動の際、朝鮮半島にあるホットク屋は全て燃やされたり壊されたりした。この当時、中国領事館の敷地内に4000人あまりの華僑が避難し、中国へ戻った者の数が数万人だったというので、その緊迫した状況は言葉では表しきれないだろう。

1937年に日中戦争が起きてからは、華僑の境遇は朝鮮において敵性国家の国民になった。日帝の敗戦は華僑に新たなチャンスをもたらした。朝鮮の経済を支配していた日本との関係が急に断絶し、米国はあまりに遠くにいた。そのため、中国との貿易が対外貿易で絶対的な比重を占めることになり、華僑の貿易商は莫大な富を蓄えた。しかし、1949年に中華人民共和国が樹立したことで、韓国と中国との関係が断絶したのに加え、李承晩《イスンマン》の倉庫封鎖令によって華僑は大きな打撃を受け、朝鮮戦争以降、急速に没落していった。

李承晩も決して華僑に対して友好的ではなかったが、中国を蔑視する日本式の教育を徹底的に受けた朴正熙はまさに華僑を徹底して迫害した。1961年に制定された「外国人土地所有禁止法」

は政府の承認を得られなかった外国人の土地所有を禁じたが、華僑の農民の大部分が承認を得られなかったため、市場価格に満たない安値で土地を手放さなければならなかった。これによって、韓国農業分野の野菜生産において大きな比率を占めていた都市近郊の中国人農家のほとんどが姿を消すこととなった。

1962年の第2次貨幣改革（これにより通貨単位がファン（圜）からウォンに変わった）は、外国人の銀行口座の開設が容易ではなかった状況で断行され、彼らが保有していた現金を一朝にして紙くずにしてしまい、華僑にさらなる大きな被害を与えた。1970年に「外国人の土地取得及び管理に関する法」が制定されたのに伴い、華僑たちには1世帯あたり1住宅、1店舗の所有が許されたが、それも家は200坪以下、店舗は50坪以下に制限され、他人に貸すことさえできなかった。一部の華僑は土地や店舗を韓国国籍の親戚や従業員の名義にしたが、彼らの心変わりで奪われるケースが続出した。

急速な経済成長とインフレの中で、不動産の所有は財産を増やす最も重要な手段であったが、朴正熙政権下で華僑は徹底的に排除されたのである。朴正熙政権は物価を管理すると言ってジャージャー麺の値段を積極的にコントロールした。李明博《イミョンバク》政権も同じように庶民の生活を安定させるという名目で52の生活必需品の価格をコントロールすると言ったが、ジャージャー麺はこの中にも入っている。ジャージャー麺はもともと冷麺と同水準の値段だったが、今では冷麺の半額にも満たず、ラーメンよりせいぜい500～1000ウォン（50～100円）程度高いだけである。私が小学校に入学した1966年にジャージャー麺は30ウォンだったが、30ウォンあれば、韓国で不

仁川唯一の華僑学校である中山学校。世界のどこに行っても、華僑学校は華僑コミュニティ形成の中心機関だ

動産投機が本格的に始まった良才洞《ヤンジェドン》で土地1坪が買える金額だった。今ジャージャー麺の値段は3000ウォンなので100倍になったが、一方の良才洞の地価は1坪あたり3000万ウォンなので100万倍に跳ね上がった。

1973年に実施された中国料理店での白米販売禁止令は、中国料理店では麺だけを売ってチャーハンなどのご飯ものは販売できないようにし、業者の売上の減少をもたらし、多くの華僑たちに「われわれはなぜジャージャー麺しか売れないのか」という挫折感を植え付けた。この措置は3カ月で取り消されたものの、朴正熙政権が華僑をどれだけ執拗に迫害したのかよく表している。まさにこの頃から華僑人口が減りはじめた。あらゆる迫害にも屈せずひるまなかった華僑たちが到底我慢できないと米国へ移住したり、台湾へと向かいはじめたりしたのである。『月刊朝鮮』1991年8月号では、ある華僑が「われわれはなぜジャージャー麺しか売れないのか」という記事を寄稿し、差別を告発したこともある。

豊味の向かい側の丘を上ると中山《チュンサン》学校が表れる。仁川にある唯一の華僑学校だ。世界のどこに行っても華僑学校は華僑コミュニティの中心機関だ。韓国の華僑が華僑としてのアイデンティティを強く維持できるのは、まさにこの華僑学校のおかげだ。韓国は華僑の経済活動をいろいろ制限したが、教育に対してだけは自由放任政策を取った。支援もせず、だからと言って妨害もせず、ただ放ったらかしにしたのである。華僑たちは小・中・高の課程を華僑学校で修めることが多い。しかし、韓国政府が華僑学校を正規の中学・高等学校として認めていないため、これらの学校を卒業しても、華僑たちが韓国の大学に進学するには、検定試験を別に受けなければならない。

チャイナタウンから路地を一つ入ると雰囲気が急に日本風に変わる。昔の日本人居住地域だが、現在は仁川開港場近代建築展示館や中区区役所などが立ち並ぶ

「中山」というのは、革命の父、孫文の号である。中山学校に掲揚されている旗は、五星紅旗〔中国の国旗〕ではなく青天白日旗〔台湾の国旗〕である。在日コリアン社会が民団〔在日本大韓民国民団〕と総連〔在日本朝鮮人総聯合会〕に分かれているのと同じように、現在の韓国の華僑社会は親中国と親台湾に分かれている。1992年の韓中国交樹立以降、韓国に居住する中国人が急速に増えたが、これはほとんどが本土から渡ってきた人で、中華人民共和国国籍の持ち主だ。

伝統的な華僑はまだ台湾籍を持っていることがはるかに多いが、彼らの故郷が山東省である上に中国の国力と力関係が日ごとに変わっていくので、反共的な韓国社会内でも親中国を標榜する華僑が登場した。中山学校のすぐ前にある中国伝統菓子店は月餅《げっぺい》や中が空洞になったコンガルパンで有名な復来春《ポンネチュン》だ。最近ではあまりにあれこれ食べ物が多いので、月餅が何なのか知らない人も多いが、1970年代初めまでは月餅は秋夕《チュソク》の人気の贈り物だった。

チャイナタウンから路地を一つ隔てると、急に日本的な雰囲気に様変わりする。ここは日本の租借地があった場所だ。解放以降、華僑が継続して居住したチャイナタウンとは異なり、仁川のジャパンタウンで暮らしていた日本人たちは1945年8月以降ほとんどが日本に戻ってしまった。その当時の日本人家屋は今ではほとんど残っておらず、現在の日本的な雰囲気は、1960年代に建てられた建物の前面に木を当てて日本風にしたものである。

昔の建物で残っているのは、小公洞《ソゴンドン》の韓国銀行と似た昔の朝鮮銀行仁川支店の建物や、第一銀行、18銀行だった建物など。これらは、当時としてはかなり大きな石造りの建物だ。このうち、18銀行だった建物は、改築して仁川開港場近代建築展示館に作り変えた。ここに行けば、仁川の変遷史や主な建物を一目で見ることができる。現在、中区区庁として使っている昔の建物はもともと日本領事館があった場所だ。1883年に日本が領事館を設置したときは、帝国主義諸国が弱小国に治外法権を強要していた時だった。当時の領事館は今とは異なり、裁判所や警察署まで備えた膨大な機関だった。日本が韓国を強制的に併合し朝鮮半島が日本の領土に編入されたことで領事館が必要なくなったため、ここを仁川市庁にしていたが、1986年以降に中区区庁にしたのである。

「歴史文化通り」と名前が付けられた昔の日本人居住地とチャイナタウンとの境界、すなわち日本租界地と清国租界地の境界には自由公園《チャユコンウォン》に上る急な石階段がある。この階段の左右で建築様式がはっきり区分されるように、この階段も左と右で様式がはっきり異なる。租界地の階段には中国青島市が寄贈した孔子像が建っているが、左の石灯籠は中国式であり、右の石灯籠は日本風だ。この階段を境に日本と清国の租界地が分けられていたため、この階段を「租界地階段」と呼ぶ。

自由公園とマッカーサーの銅像

階段を上がると自由公園が現れる。この公園は韓国で最初の西洋式公園で、1888年、米・英・露・清・日など各国外交官が共同署名し、ロシアの土木技師のサマティンが測量してここ一帯を各国の公園に画定し、公園の形を整えた。そのため、はじめは「各国公園《カックッコンウォン》」と呼ばれていたり、「万国公園《マングッコンウォン》」とも呼ばれていたりしたが、日本による強制併合（1910年）以降、日本が西欧列強の租界地制度を廃止したことで、この公園は「西公園《ソゴンウォン》」と名前が変わることとなった。その後の1957年9月15日、仁川上陸作戦7周年を記念し、マッカーサーの銅像が建ったことで、公園の名前が「自由公園」に変わったのである。

韓国最初のヨーロッパスタイルの公園である自由公園には、仁川上陸作戦7周年を記念して建てたマッカーサーの銅像がある。朝鮮戦争の遂行過程で、無理な手を繰り返し、人類を核戦争で破滅させるところだった彼の銅像を見ると、息が苦しくなる

マッカーサーが死んだのが1964年なので、生きている人の銅像を建てたのである。昔、文禄・慶長の役の際、明国から救援兵を率いてきた李如松《りじょしょう》のために生祠堂〔生前に建てた祠〕を建てた前例があったというが、この上なく苦々しいことである。それだけではない。新羅が唐を引き入れ百済を滅ぼした後には新羅・唐連合軍総司令官の蘇定方《そていほう》のために、彼の名前にちなみ定方寺《チョンバンサ》という寺を建て、百済を平定したという平済塔《ピョンジェタプ》〔今では一般的に定林寺址《チョンニムサジ》5層石塔と呼ばれる。国宝9号〕を建てたというので、とてもはるか昔からのことではあるが、やりきれなくなるほど憂鬱な「外国の将軍の銅像を建てる伝統」があるのだ。

風前の灯の危機から国を救ってくれた恩人の銅像を建てることのどこが悪いのだと目をむいて怒る人もいるかもしれないが、もし北朝鮮の人々が韓国軍と国連軍の北進によって絶体絶命のピンチに追い込まれた時、中国人民支援軍を率いてきた彭徳懐《ほうとくかい》や、援軍を送ってくれた毛沢東の銅像を新義州《シニジュ》や鎮南浦《チンナムポ》のどこかに建てていたとしたら、韓国ではそれを見てどれだけ後ろ指を指しただろうかと言いたい。それにマッカーサーという人物が果たして銅像を建てるほどの偉大な人物だったのかについても、われわれは問いたださなければならない。

もちろん仁川上陸作戦を成功に導いたのはマッカーサーの重要な軍事的業績だといえる。しかし、マッカーサーはそれ以降の戦争遂行の過程で決定的な判断ミスを2回も起こし、それを挽回するために無理な作戦を繰り返した。マッカーサーは北進統一を夢見てきた李承晩とウマが合い、まず韓国軍に38度線を越えて北上させ、38度線以北での戦闘を既成事実化させた後、国連軍をも密かに38度線を越えさせた。もともと国連軍の使命は38度線の原状回復だったが、もはや状況は朝鮮半島から共産勢力を追い出すことに変わったのである。これは米国が冷戦に対する戦略において、封鎖戦略の他に「ロールバック（rollback：特定地域を掌握している勢力を、さまざまな手段を動員してその地域から追い出すこと。マッカーサーが仁川上陸作戦で勝利した後、米国が国連の旗のもと、38度線を北進し北朝鮮をソ連の影響圏から除去しようとした試みを説明する概念）」戦略を最初で最後に使ったことを意味した。

ところがマッカーサーが38度線を越える前、中国は米軍が38度線を越え北進することは、すなわち中国に攻め込むのと同じことだと強く警告した。もし国連軍が北進するのであれば、中国軍を朝鮮半島に派遣せざるを得ないというのである。マッカーサーはこの警告を無視した。まず、中国は決して朝鮮半島に軍隊を派遣できないだろうし、次に中国軍隊が朝鮮半島の戦線に投入されたとしても米軍の相手にならないというのである。ところが、この問題に対するマッカーサーの戦略的判断は全て誤ったものだった。決して参戦できないだろうと考えていた中国軍が朝鮮半島に１００万の大軍を投入し、投入されたとしても米軍の相手にならないと思っていた中国軍は米軍の最精鋭の海兵1師団に壊滅的な打撃を与えた。このようなひどい戦略的判断ミスを覆い隠すため、マッカーサーは北朝鮮と満州地域に原子爆弾を投下すべきだと強く主張した。それも1発や2発でもなく、26発を1回目として。

当時は、１９４５年に米国が日本を相手に原子爆弾を投下したときとは異なり、ソ連が核兵器の開発に成功した後だった。もし米国がまた核兵器を使えば、ソ連も同様に核兵器で応酬する可能性がとても高かった。マッカーサーは全人類を核戦争で破滅させることのできる危険な主張を行いながら、トルーマン大統領の統帥権に挑戦し解任された。マッカーサーは民主主義を守る核心原理の一つである文民統制の原則に、米国史上初めて大胆に挑戦し解任されたのである。私が幼い頃、当時はマッカーサーが解任されていなかったら統一できたのにと残念がる声をたくさん聞いた。しかし、今考えると、もしトルーマンがマッカーサーの戦争扇動に乗っていたとしたら、朝鮮半島全体が、いや東アジア全体が荒地になっていただろうと思うと冷や汗が流れる。

２００５年にはマッカーサーの銅像の撤去問題が韓国社会を熱くさせた。２００２年5月に『ハンギョレ21』にマッカーサーの銅像問題を取り上げた記事を書いた私は、当然撤去に賛成する立場だが、その時の撤去運動の方法には問題がたくさんあったと思う。あのような銅像が建っていること自体を、多くの人々が恥ずかしく思うように働きかける作業もせずに、力づくで銅像を引きずり下ろそうとして、韓国内の分断をより深めたのではないかと思う。韓国の大衆の中に、数十年の分断体制の中で形成された親米反共意識をあまりに軽んじていたのではなかろうか？「老兵は死なない。ただ去るだけだ」と格好つけたものの、死んでも去らないあの銅像を見ると、私は息が詰まりそうになる。

訳者あとがき

本書は、２００９年に韓国で出版された『韓洪九と一緒に歩く――平和の視線で振り返る韓国現代史』の翻訳書です。まえがきにあるように、韓国の聖公会大学で教養科目の「フィールドワーク」の講座を持つことになった著者が、学生と一緒に歩いたフィールドの中から10カ所を選んで紹介したものです。ソウルにある聖公会大学から公共交通機関を利用して行ける場所なので、ソウルやその近郊に位置するものばかりです。日本の読者にとっても馴染みのある場所や施設もあるのではないでしょうか。

著者の韓洪九さんは、韓国を代表する進歩的歴史学者で、特に国家による人権弾圧の問題に取り組んできました。韓国の歴史に関する多くの著書があり、平易な言葉で解説することに定評があります。その中には、プロフィールにも挙げられているように、日本語で読める著作物も少なくありません。現在は、ＹｏｕＴｕｂｅに韓国の歴史を解説する「韓洪九ＴＶ」というチャンネルを設け、ユーチューバーとしても活躍中です。

そんな韓洪九さんが、展示されていて見えるものより、その裏にある、見えないもの、隠されたものの意味を解説したのが本書です。景福宮には私も何度も足を運びましたが、見学している場所と断片的に学んだ歴史が結びつかず、本書のようなガイドを読んでいれば、全く異なって見えたに違いありません。各フィールドを訪ねる前に本書を読めば見るポイントが押さえられるでしょうし、訪ねた後に読めばなるほどとうなずいて、また行きたくなることでしょう。

近年、K‐POPや韓国映画・ドラマなどの人気の高まりとともに、日本から韓国に気軽に遊びに行ったり、語学留学したりする学生も多くなりました。本書が少しでも早く出されていれば韓国の歴史や日韓関係への理解を深める一助になっていたものを、出版社の都合により刊行が大幅に遅れてしまいました。読者の皆さまと、ご心配をおかけした韓洪九さんに心よりお詫び申し上げます。

韓国語版が出されて10年以上が経ちましたが、本書に書かれていることは色褪せることはありません。「民主主義の生まれる場所―広場」とあるように、16年には友人の国政介入を招いた朴槿恵政権に抗議する大規模なキャンドル・デモが光化門広場で毎週開かれ、翌年には史上初めて弾劾によって大統領が罷免されました。

本書には多くの人物や歴史的な事件が登場することから、韓国語版にない訳注や、各施設の開館時間やアクセスなどの基本情報、関連する年表を付け加えました。

この訳者あとがきは、新型コロナウイルス感染症の世界的流行によって、日韓を自由に行き来できない時点で書いています。新型コロナウイルス感染症の流行が一刻も早く終息することを祈るとともに、本書が読者の皆さまにとって韓国の歴史を理解する良きガイドになることを切に願っています。

2020年8月

韓　興鉄

歴代大統領の解説

＊初代～３代（在任期間＝１９４８～60）　李承晩（イ・スンマン）大統領

１８７５～１９６５年。独立協会や上海臨時政府などで独立運動をした後、米国に亡命。１９４５年、日本からの植民地解放後に帰国し、48年に大韓民国初代大統領に選出された。朝鮮戦争では「北進統一」を主張し、韓国は停戦協定に加わらなかった。56年には改憲を行って三選したものの、60年の大統領選挙で不正が発端となって起きた４・19学生革命によって失脚、ハワイに亡命した。

＊第４代（在任期間＝１９６０～62）　尹潽善（ユン・ボソン）大統領

１８９７～１９９０年。１９６０年に李承晩が失脚すると、韓国では長期政権を許した反省から責任内閣制に転換し、張勉（チャン・ミョン）内閣が成立、権限をあまり持たない大統領に就任した。しかし、61年5月に朴正熙少将らによって軍事クーデタが起き、張勉内閣は短命に終わった。大統領制が復活し、63年、67年の大統領選に出馬し朴正熙候補と争ったものの敗れた。

＊第５代～９代（在任期間＝１９６３～79）　朴正熙（パク・チョンヒ）大統領

１９１７～79年。１９６１年5月16日に軍事クーデタで権力を握ると、大統領制を復活させ、63年に選挙を経て大統領に就任した。「反共」と「民生苦の解決」を掲げ、強力な反共体制を築くとともに、経済開発に力を入れ高度経済成長を成し遂げた。1期目にベトナム戦争への派兵や日韓国交正常化を行ったが、2期目に入ると南北関係が緊張し、三選を禁じた憲法を変えた。71年の大統領選では金大中候補に僅差で勝利するも、72年には戒厳令を発布し、大統領を統一主体国民会議で選ぶ間接選挙に改憲（維新体制）。これにより、朴正煕は大統領に権限を集中させた独裁体制を敷いた。79年10月26日、側近に銃で撃たれ死亡し、18年にわたる軍事政権が幕を下ろした。

＊第10代（在任期間＝1979〜80）崔圭夏（チェ・ギュハ）大統領

1917〜2006年。1979年10月26日に朴正煕が急逝し、国務総理だった崔圭夏が大統領権限代行として非常戒厳令を宣布、12月には統一主体国民会議で大統領に選出された。しかし、間もなく全斗煥ら新軍部が軍部内クーデタで実権を握ったため、80年8月に辞任した。

＊第11代〜12代（在任期間＝1980〜88）全斗煥（チョン・ドゥファン）大統領

1931年〜。1979年12月12日、全斗煥ら新軍部は、上官であり戒厳司令官だった鄭昇和将軍を逮捕し軍部内で実権を掌握（粛軍クーデタ）。80年5月には、朴正煕独裁政権後の民主化を求める動きに対して非常戒厳令を宣布、精鋭部隊を光州に投下し民主化運動を武力で鎮圧し、多くの死傷者を出した。同年8月に統一主体国民会議で第11代大統領に選出、10月には大統領の任期を再任なしの7年、間接選挙を骨子とした改憲を行い、81年3月に第12代大統領に就任した。在任中は、学生運動の弾圧、言論統制を行う一方、ソウル五輪の誘致、韓国大統領として初の公式日本訪問などを行った。任期末期の87年、大統領の直接選挙制などを訴える民主化運動が起き、6月29日にはこれを受け入れる民主化宣言につながった。95年に粛軍クーデタや光州民衆抗争の武力弾圧などで逮捕され、一審で死刑、控訴審で無期懲役が言い渡された（97年に特別赦免）。

＊第13代（在任期間＝1988～93）盧泰愚（ノ・テウ）大統領

1932年～。全斗煥前大統領と陸軍士官学校同期で、1979年の新軍部勢力の台頭に寄与し、全斗煥政権で体育部長官などを歴任して政権を支えた。87年6月の民主化運動を受け、盧泰愚は与党民主正義党の次期大統領候補として大統領直接選挙を主とする民主化宣言を発表。同年12月に行われた大統領選挙で、盧泰愚は30％台の低得票率ながら大統領に当選した。ソウルオリンピック開催を契機に北方政策を打ち出し、ロシアや中国など社会主義諸国と国交を樹立。また、北朝鮮と国連同時加盟を果たした。95年に大統領在任中の不正蓄財が発覚して拘束され、粛軍クーデタ、光州民主化運動への武力弾圧に対する罪で懲役17年を言い渡された（97年12月に特別赦免）。

＊第14代（在任期間＝1993～98）金泳三（キム・ヨンサム）大統領

1927～2015年。朴正熙政権から全斗煥政権にかけて、野党の政治家の立場から軍事政権に対抗した。1987年の大統領選挙で敗れたものの、90年に盧泰愚、金鍾泌と手を結んで巨大与党を結成し、92年の大統領選挙で勝利し文民政権を誕生させた。大統領に就任後は、軍部内の私的組織を解体したり、裏金作りを防ぐために金融実名制を実施したり、全斗煥、盧泰愚元大統領を拘束するなど、文民改革を断行した。しかし、国際化や先進国入りを掲げた経済政策は無理がたたり、任期末期にはアジア通貨危機の波を受け外貨保有が底を着き、国際通貨基金（ＩＭＦ）に救済を要請する経済危機を招いてしまった。

＊第15代（在任期間＝1998～2003）金大中（キム・デジュン）大統領

１９２４～２００９年。朴正熙政権下では東京にいたところを中央情報部によって拉致されソウルに連れ戻されたり、１９８０年には全斗煥ら新軍部によって光州民主化運動の背後勢力として内乱陰謀罪で死刑判決を受けたりするなど、軍事政権から弾圧を受け続けた。92年の大統領選挙で金泳三に敗れ政界を引退するが、97年の大統領選挙に出馬し当選した。未曾有の経済危機の最中に発足した金大中政権だったが、ＩＭＦからの借り入れを順調に返済して危機を克服、北朝鮮には「太陽政策」で接し２０００年に初の南北首脳会談を実現した。韓国の文化産業の育成に力を入れる一方、日本の文化産業を段階的に受け入れ、韓流や日流につながった。

＊第16代（在任期間＝2003～08）盧武鉉（ノ・ムヒョン）大統領

１９４６～２００９年。人権派弁護士出身で、１９８８年に国会議員に初当選。全斗煥政権での不正を調査するために設けられた聴聞会で、証人を追及する鋭い質問が脚光を浴びた。２００２年に中学生二人が米軍装甲車にひかれ死亡する事件が起き、反米ムードの最中で行われた大統領選挙で盧武鉉が当選し、16代大統領に就任した。04年3月には国会で議席を多く占めていた野党の強行採決によって弾劾訴追が可決し、史上初めて大統領に職務停止が言い渡された。しかし、弾劾反対のキャンドル・デモが相次ぎ、4月の国会議員選挙では与党が過半数を確保すると、5月には憲法裁判所で弾劾訴追に対する棄却が決定し、盧武鉉は大統領職に復帰した。過去の国家暴力によって犠牲になった人々の調査、名誉回復を行う過去事法を成立させ、金大中政権に続き南北首脳会談を実現した。その一方、イラク戦争への派兵や米韓貿易自由協定（FTA）の推進で支持者が離れていった。退任後、親族の収賄などで検察の調査を受けていたが、投身自殺した。告別式の後にソウル広場で行われた出棺の儀式「路祭」には多くの市民が集まり故人を偲んだ。

＊第17代（在任期間＝2008～13）李明博（イ・ミョンバク）大統領

1941年～。高麗大学に在学中の1964年、日韓会談に反対する6・3闘争を主導して逮捕され、ソウル刑務所（西大門刑務所）に収監された履歴がある。現代建設での成功、ソウル市長在任時に暗渠だった清渓川を市民の公園に復元した手腕が期待され、2008年に第17代大統領に就任した。就任直後、米国産牛肉の輸入再開を決めたが、大規模なキャンドル・デモが連日行われるなど国民の猛反発を招いた。また公約に掲げていた大運河構想も国民の反対を受け凍結するなど、政権運営に苦しんだ。日本との関係では、就任当初に訪日するなど良好な関係を築いたが、政権末期に独島（竹島）を訪問し、日韓の政治関係が長らく滞ることとなった。

＊第18代（在任期間＝２０１３～17）朴槿恵（パク・クネ）大統領

１９５２年～。故朴正熙元大統領の長女で、74年に母が他界したため留学先のフランスから帰国し父を支えた。98年に国会議員になって政界デビューを果たし、２０１２年の大統領選挙で勝利して韓国で初めての女性大統領に就任した。しかし、14年にセウォル号沈没事故、15年にはＭＥＲＳ（中東呼吸器症候群）の流行が起きると、政府の対応の遅れが非難を浴びた。さらに16年には古くからの友人である崔順実が国政に深く介入していたことが明るみに出ると、光化門広場をはじめとする全国各地で大々的なキャンドル・デモが行われ、朴槿恵は史上初めて任期中に弾劾によって大統領の座を追われた。

＊第19代（在任期間＝２０１７～）文在寅（ムン・ジェイン）大統領

１９５３年～。慶熙大学在学中の１９７５年、朴正熙の独裁体制に反対するデモを主導し、ソウル刑務所（西大門刑務所）に収監された履歴がある。大学卒業後、弁護士になった文在寅は、既に弁護士として活躍していた盧武鉉と出会い、後に誕生した盧武鉉政権で秘書室長を務めることとなった。２０１２年に国会議員に初当選すると、同年の第18代大統領選挙に民主統合党の候補として出馬したが敗れた。しかし、17年3月に朴槿恵前大統領が罷免されたことで行われた大統領選挙では「国を国らしく」というスローガンを掲げ出馬し勝利。第19代大統領に就任した。国民との意思疎通、積弊の清算に力を入れるとともに、雇用の創出や所得主導の成長をアピールしている。また、18年には南北首脳会談を3度行うなど、保守政権の間に滞っていた南北関係を前進させた。

《関連年表》

年	できごと
BC1500～ BC400年ごろ	支石墓が盛んに作られる
1232	高麗、蒙古の侵略に対応するため江華島に遷都（～1270年まで）
1592	文禄の役、景福宮焼失
1865	景福宮、再建開始
1866	カトリック信者への弾圧を口実にフランス艦隊が江華島を攻撃し交戦が起きる（丙寅洋擾）
1871	朝鮮の開港を要求する米国の艦隊が江華島を攻撃し交戦が起きる（辛未洋擾）
1875	江華島事件
1876	日朝修好条規締結
1883	仁川港開港
1884	金玉均ら開化派クーデター未遂
1888	仁川に韓国で初めて西洋式の「万国公園」ができる
1894	甲午農民戦争が起きる
1895	明成皇后（閔妃）殺害事件（乙未事変）
1897	独立協会が独立門を建立
1898	明洞聖堂が完成
1908	京城監獄（西大門刑務所）建立
1909	安重根、ハルビン駅で初代統監の伊藤博文を射殺
1910	日本による韓国併合。植民地支配始まる
1919	３・１独立運動
1926	朝鮮総督府庁舎が完成
1931	中国吉林省で、朝鮮と中国の農民が衝突した万宝山事件が起きる
1945	日本が太平洋戦争に敗れ、朝鮮半島が解放
1948	南に大韓民国、北に朝鮮民主主義人民共和国樹立
1950	朝鮮戦争勃発（～53年）
1957	仁川上陸作戦７周年を記念し仁川自由公園にマッカーサーの銅像が建つ
1960	大統領選挙の不正に反発し、馬山で大規模なデモが起きる（3.15義挙）

1992	韓中国交樹立
1992	ソウル市麻浦区にナヌムの家がオープン、95年に現在の京畿道広州郡に移転
	西大門区に独立公園造成
1993	金泳三政権発足
1994	戦争記念館オープン
1995	国立中央博物館として利用されてきた朝鮮総督府の建物を解体
1998	金大中政権発足
	西大門刑務所歴史館オープン
2000	初の南北首脳会談開催
2002	サッカーワールドカップ日韓共催、全国各地の広場でパブリックビューイングが行われる
	中学生二人が米軍装甲車にひかれ死亡する事件が起き、大規模な追悼デモに発展
2003	盧武鉉政権発足
	米国の要請を受けイラク戦争に派兵
2004	盧武鉉大統領に対する弾劾無効を訴えるキャンドル・デモ
2008	李明博政権発足
	米国産牛肉輸入再開反対の大規模なキャンドル・デモ
2009	ソウル市龍山区の再開発をめぐって立ち退きを要求された住民らと警察が対峙していたところ、火災が発生し30人の死傷者を出した（龍山惨事）
	盧武鉉元大統領、投身自殺
2013	朴槿恵政権発足
2014	セウォル号沈没事故。修学旅行で乗船していた高校生ら299人が犠牲に
2015	日韓両政府「慰安婦合意」
2016	朴槿恵大統領の弾劾を求めるキャンドル・デモが全国各地の広場で開催される
2017	朴槿恵大統領弾劾
	文在寅政権発足

1960	4.19学生革命、李承晩はハワイに亡命
1961	朴正煕、軍事クーデターを起こす
	外国人土地所有禁止法制定
1963	朴正煕、大統領に就任
1964	中央情報部、北朝鮮の指令を受け人民革命党を結成し国家転覆を企てたとして、ジャーナリストや大学教授、学生ら41人を逮捕（第１次人民革命党事件）
1965	日韓国交正常化
	韓国軍をベトナムに大量派兵
	国軍墓地が国立墓地に格上げ
1968	北朝鮮のゲリラによる青瓦台襲撃未遂事件
1971	駐韓米軍、第７師団が撤退
1972	朴正煕、大統領に権限を集中させる維新憲法を制定（維新体制）
1973	金大中拉致事件
1974	中央情報部、全国民主青年学生総連盟の構成員ら180人を逮捕し起訴（民青学連事件）
1975	中央情報部、民青学連事件の背後に人民革命党の再建があったとしこれに関わった23人を逮捕。８名が死刑に処された（第２次人民革命党事件）
1979	朴正煕、側近（金載圭）により暗殺
	全斗煥ら新軍部が粛軍クーデターで軍を掌握
1980	光州民衆抗争
1986	医療法改正、「漢医院」が「韓医院」に
1987	大統領の直接選挙制などを訴えた大規模な民主化運動が起きる（６月抗争）
	6.29民主化宣言により大統領の直接選挙制をはじめとする改憲が行われる
1988	盧泰愚政権発足
	ソウルオリンピック開催
1991	南北、国連同時加盟
	金学順ハルモニ、「慰安婦」被害者であったことを最初に公開証言

＊国立ソウル顕忠院

1955年に国軍墓地とつくられ朝鮮戦争の戦死者が埋葬されたが、65年に国立墓地に格上げされたことで独立運動有功者や元大統領らも埋葬されることとなった。2006年に現在の「国立ソウル顕忠院」に改称。毎年6月6日の「顕忠日（祝日）」には現職大統領らが参列して追悼式を行っている。

・住所　ソウル特別市銅雀区顕忠路210
・HP　https://www.snmb.mil.kr/（英語あり）
・開場　06:00～18:00
・休館日　月曜日
・料金　無料
・行き方 地下鉄４号線銅雀駅から徒歩10分

＊景福宮

朝鮮王朝の正宮。1592年に消失後、19世紀に再建。1895年、第26代国王高宗の妃の明成皇后が日本公使の策略によって殺害されたり、1926年には朝鮮総督府の建物が景福宮の正面に建てられたりするなど、近現代史の受難を象徴する場所でもある。

・住所　ソウル特別市鍾路区社稷路161
・HP　http://www.royalpalace.go.kr/（英語あり）
・開館　09:00～17:00（月によって閉館時間変動）
・休館日　火曜日
・料金　満19歳以上64歳以下3,000ウォン、満７歳以上満18歳以下1,500ウォン
・行き方　地下鉄３号線景福宮駅から徒歩５分
　　　　　地下鉄５号線光化門駅から徒歩10分

関連施設情報

※この情報は本書出版時のものなので、最新の情報は各自でホームページを見るなどし確認してください。

＊戦争記念館

1994年にオープン、11万㎢の敷地を持ち戦争博物館としてはアジア最大規模といわれる。戦闘機や戦車などが置かれている屋外展示と、朝鮮戦争室を主とする屋内展示があり、展示資料数は6300点。盧泰愚政権下の88年に着想され、陸軍跡地を利用してつくられた。

・住所　ソウル特別市龍山区梨泰院路29
・HP　https://www.warmemo.or.kr/ （日本語あり）
・開館　09:30～18:00
・休館日　月曜日（祝日の場合は翌日）
・料金　無料
・行き方 地下鉄４・６号線三角地駅（12番出口）から徒歩３分

＊ナヌムの家

1992年、従軍慰安婦被害者の生活の場としてソウル市麻浦区にできたナヌムの家。95年に現在の場所に移転し、生活の場の他に、歴史館や研修施設も併せ持つ。

・日本軍慰安婦歴史館
・住所　京畿道広州市退村面カセコルキル85
・HP　http://www.nanum.org/（日本語あり）
・開館　10:00～17:00
・休館日　月曜日、旧正月、秋夕
・料金　一般5,000ウォン、学生3,000ウォン
・行き方 京江線京畿広州駅からタクシー利用（9.5km、20分）

＊国立４.19民主墓地

1960年に李承晩政権を倒した４.19革命に参加して亡くなった参加者らを埋葬する墓地で、63年に造成。金泳三政権の93年に聖域化事業が始まり、95年に国立墓地に昇格、面積も3000坪から４万坪に拡大した。

・住所　ソウル特別市江北区4.19路８キル17
・HP　https://419.mpva.go.kr/
・開館　4.19革命記念館　9:30-17:30（夏季）9:30-16:30（冬季）
・休館日　月曜日（祝日の場合は翌日）
・料金　無料
・行き方 牛耳新設都市鉄道4.19墓地駅から徒歩５分

＊南山、明洞聖堂

1961年に国内外の情報を収集し分析するために創設された国家中央情報部（80年、これを拡大し国家安全企画部に）。ソウル中心部にある南山のふもとにこれらの建物があり、民主化運動の活動家らが連行されてひどい拷問を受けた（現在、本館だった建物がユースホステルとして使われている）。一方、明洞駅を挟んでちょうど反対側に位置する明洞聖堂は、87年の民主化運動の歴史的現場となった。

（ソウルユースホステル）
・住所　ソウル特別市中区退渓路26カキル
・HP　http://seoulyh.go.kr/（日本語あり）
・行き方 地下鉄４号線明洞駅から徒歩10分

（明洞聖堂）
・住所　ソウル特別市中区明洞キル74
・HP　http://www.mdsd.or.kr/（英語あり）
・開館　日曜日午前9:00から英語によるミサ有り
・行き方 地下鉄２号線乙支路入口駅、３号線乙支路３街駅、４号線明洞駅からいずれも徒歩５分ほど

＊独立門、西大門刑務所歴史館

独立門は、もともと清からの使節を迎えていた迎恩門を取り壊して1897年に建てた、高さ14.28m、幅11.48mの門。フランスの凱旋門を模倣した。西大門刑務所は、1908年から87年まで刑務所として使われた。日本の植民地下では柳寛順ら独立運動家が、45年の解放後は軍事政権下で多くの民主化運動活動家らが収監された。92年に隣接する独立門とともに西大門独立公園として整備され、98年には、西大門刑務所歴史館としてオープンした。

・住所　ソウル特別市西大門区統一路251
・HP　https://sphh.sscmc.or.kr/ （日本語あり）
・開館　09:30〜18:00
・休館日　月曜日
・料金　一般3,000ウォン、青少年1,500ウォン、子ども1,000ウォン
・行き方 地下鉄３号線独立門駅から徒歩１分
（独立門はいつでも見学可）

＊江華島

仁川国際空港のある永宗島の北に位置し、新石器時代の支石墓から、高麗時代にモンゴルからの侵入に対抗するための遷都、近代には列強との交戦の舞台になるなど、歴史が詰まった島。2000年、世界文化遺産に登録された。

（江華歴史博物館）
・住所　仁川広域市江華郡河岾面江華大路994－19
・HP　http://www.ganghwa.go.kr/
・開館　09:00〜18:00
・休館日　月曜日、１月１日、旧正月、秋夕
・料金　一般3,000ウォン、小・中・高校生2,000ウォン
・行き方 郡内バス1、23、25、27、30、32、35番でコインドル下車徒歩３分
（ソウル市内からは新村駅から3000番の広域バスで江華ターミナルに向かい、そこで郡内バスに乗り換え）

＊広場

1980年の「ソウルの春」、87年の民主化運動、2002年の米軍装甲車にひかれた女子中学生の追悼集会、04年も盧武鉉弾劾反対集会、16・17年のキャンドル革命…。広場は韓国の民主主義が成し遂げられる舞台だ。

（ソウル広場）

・住所　ソウル特別市中区太平路１街

・HP　https://plaza.seoul.go.kr/（日本語あり）

・行き方 地下鉄１、２号線市庁駅からすぐ

（光化門広場）

・住所　ソウル特別市中区世宗路

・HP　https://gwanghwamun.seoul.go.kr/（日本語あり）

・行き方 地下鉄５号線光化門駅からすぐ

＊仁川チャイナタウン、自由公園

1876年に日朝の間で結ばれた江華島条約によって83年に仁川港が開港すると、日本人だけでなく清の人々も租界を形成。そこが現在の仁川チャイナタウンで、通りを１本隔てると日本人租界だ。88年には租界で暮らす外国人のニーズから朝鮮初の西洋式公園が作られ、朝鮮戦争を経て公園の名称が「自由公園」となった。仁川上陸作戦を指揮したマッカーサーの像が建っている。

・住所　仁川広域市中区自由公園南路25（自由公園）

・行き方　地下鉄１号線、水仁線仁川駅から徒歩５分でチャイナタウン、さらに10分ほどで自由公園に到着。

●著者プロフィール

韓洪九（ハン・ホング）

1959年、ソウル生まれ。聖公会大学教養学部教授。ソウル大学国史学科卒業、米国ワシントン大学で博士号取得。国家情報院過去事委員会民間委員、平和博物館建立推進委員会常任理事、良心的兵役拒否権の実現と代替服務制度への改善のための連帯会議共同実行委員長を経て現職。

主著（邦訳のあるもの）：『韓国・独裁のための時代――朴正熙「維新」が今よみがえる』（彩流社）、『韓洪九の韓国現代史（1）（2）』『フクシマ以後の思想をもとめて』（いずれも平凡社）、『倒れゆく韓国――韓洪九の韓国「現在史」講座』（朝日新聞出版）。日本人ファンも多い。

●訳者プロフィール

・**崔順姫**（チェ・スニ）…大阪市生まれ。韓国梨花女子大学史学科卒。2001年、通訳・翻訳・校正・編集を業務とする（有）コーディネートワンを設立、代表取締役。『韓国語学習ジャーナルhana』の音声翻訳、編集のほか、嘉悦大学エクステンションセンターで韓国語講師を務める。NHK ETV特集『日本と朝鮮半島 2000年』10回シリーズの同時通訳をはじめ、各テレビ放送局通訳、字幕翻訳多数。

・**韓興鉄**（ハン・フンチョル）…横浜生まれ。翻訳を中心に、韓国語学習書の編集、大学の韓国語講師などを務める。訳書に『北朝鮮の日常風景』（石任生著、コモンズ、2007）、『〈写真集〉キャンドル革命：政権交代を生んだ韓国の市民民主主義』（キム・イェスル他著、コモンズ、2020年）、『ねこ8匹分の幸せと暮らしています』（トンイ著、KADOKAWA、2020）など。

韓国《かんこく》スタディーツアー・ガイド

2020年10月27日　初版第一刷

著　者　韓洪九

訳　者　崔順姫、韓興鉄Ⓒ 2020

発行者　河野和憲

発行所　株式会社 彩流社

〒101-0051　東京都千代田区神田神保町3-10　大行ビル6階
電話　03-3234-5931
FAX　03-3234-5932
http://www.sairyusha.co.jp/

編　集　出口綾子

装　丁　福田真一［DEN GRAPHICS］

印　刷　モリモト印刷株式会社

製　本　株式会社難波製本

Printed in Japan　ISBN978-4-7791-2696-3 C0036